개념 있는 열세 살

중학생 필수 탑재 사회 용어

중학생 필수 탑재 사회 용어

개념 있는 열세 살

초판 1쇄 2015년 12월 10일
초판 2쇄 2017년 4월 20일
글 이상현
그림 홍승우
펴낸이 권경미
펴낸곳 도서출판 책숲
출판등록 제2011-000083호
주소 서울시 용산구 후암동 8
전화 070-8702-3368
팩스 02-318-1125

ISBN 979-11-86342-09-1 73810

이 도서의 국립중앙도서관 출판시도서목록(CIP)은 서지정보유통지원시스템 홈페이지(http://seoji.nl.go.kr)와 국가자료공동목록시스템(http://www.nl.go.kr/kolisnet)에서 이용하실 수 있습니다.(CIP제어번호: CIP2015030739)

*책값은 뒤표지에 있습니다.
*잘못 만든 책은 구입하신 서점에서 바꾸어 드립니다.
*책의 내용과 그림은 저자나 출판사의 서면 동의 없이 마음대로 쓸 수 없습니다.

중학생
필수 탑재
사회 용어

개념 있는 열세 살

글 이상현
그림 홍승우

거...참.
프레온 가스 좀
적당히 쓰세요!

책숲

머리말

곧 중학생이 되는 친구들에게

중학생이 된다니 기쁘기도 하고, 설레기도 하지? 그렇지만 그게 다는 아닐 거야. 은근히 공부에 대한 부담도 되고 말이야.

너희 선배들을 보니 사회 과목을 많이 어려워하는 거 같아. 국, 영, 수는 중요 과목이라고 생각해 초등학교 때부터 열심히 했지만 사회 과목은 좀 생소할 거야. 특히 용어의 뜻도 모르고 무조건 외우려고만 한다면 공부 자체에 흥미를 잃을 수도 있어. 사회 과목은 암기가 아니라 스스로 생각해 보고 이해하면 훨씬 재미있게 공부할 수 있어. 진짜야!

"암기 말고 이해!"

선생님이 가장 강조하는 말이야. 사회 공부를 재미있도록 도와주는 게 바로 개념에 대한 이해란다. 예를 들어 현재 세계적으로 큰 이슈가 되고 있는 지구 온난화에 대해서 너희들은 얼마나 알고 있니? 아마 지구의 온도가 올라가고 북극의 얼음이 녹아내리면서 해수면이 상승한다는 정도일 거야. 하지만 지구 온난화가 발생하는 원인과 원리, 지구 온난화가 우리 사회에 미치는 영향, 지구 온난화를 막기 위한 국제 사회의 노력들에 대해서 알고 있다면 사회 과목은 단지 공부가 아니라 우리가 살아가는 실생활과 연결되어 있다는 걸 알게 될 거야. 외우지 않고, 깨우치는 공부를 할 수 있다는 말이지. 더구나 인류의 재앙으로 다가올 수 있는 지구 온난화를 막기 위해서 우리가 구체적으로 무엇을 해야 할 것인지에 대해 고민한다면 더욱 생생한 공부가 되겠지.

이 책은 너희들이 어렵게 느끼는 사회 과목을 어떻게 하면 쉽고 재미있게 공부할 수 있도록 도울까 하는 고민에서 시작되었어. 그래서 너희들이 가장 어려워하는 사회 과목 용어 중에서 가장 중요한 개념, 청소년이라면 반드시 알고 있어야 하는 개념, 시험에 가장 빈번하게 출제되는 개념어 50가지를 골랐단다.

이 책을 통해 사회 과목에 대한 흥미는 물론이고, 우리가 살아가는 세상에 대해 관심을 가지고 더 좋은 세상을 만들기 위해 노력하는 너희들이 되었으면 좋겠구나!

이상현

차례

1장 환경

01 인류의 재앙, 지구 온난화 …………………………… 10
02 국제적인 협력으로 환경 오염을 막아내자 …………… 14
03 습지와 람사르 협약 ……………………………………… 19
04 인구 공동화 현상 ………………………………………… 23
05 스프롤 현상과 개발 제한 구역 ………………………… 25
06 자원은 왜 아껴 써야 할까? …………………………… 28
07 플랜테이션 농업으로 생산된 커피를 먹나요? ……… 32
08 스모그와 산성비의 슬픈 관계 ………………………… 35
09 적조 현상은 무슨 피해를 주나? ……………………… 39
10 열대 우림에서는 어떤 집을 지을까? ………………… 44
11 영해와 배타적 경제 수역은 같은 건가? ……………… 48
12 님비 현상과 핌피 현상 ………………………………… 52
13 단풍과 개화는 언제, 어디에서부터 시작될까? ……… 56
14 사막화가 되는 이유가 뭘까? ………………………… 60

2장 사회

15 문화란 무엇일까? ……………………………………… 66
16 문화의 특수성·다양성·상대성은 한몸 ……………… 69
17 자신의 문화가 최고라는 생각은 잘못 ………………… 72
18 다른 나라의 문화가 최고라고 생각하는 잘못 ……… 75
19 문화의 변화 속도는 다르다 …………………………… 78
20 규범이 없는 세상, 아노미 현상 ……………………… 81
21 목적보다 절차가 더 앞서는 목적 전도 현상 ………… 84
22 모든 사람이 가지고 있는 지위와 역할 ……………… 86
23 역할 갈등 ………………………………………………… 89
24 차이와 차별 ……………………………………………… 92
25 늑대 인간으로 본 사회화 ……………………………… 95
26 변화에 적응하기 위한 재사회화 ……………………… 98

27 사회 조직이 뭘까? ………………………………………… 101

3장 법과 정치

28 규범에는 어떤 것들이 있을까? ……………………………… 106
29 법과 도덕은 어떻게 다를까? ………………………………… 109
30 억울할 때는 심급 제도 ……………………………………… 112
31 미란다 원칙 …………………………………………………… 116
32 법도 여러 가지 종류가 있어 ………………………………… 119
33 인간의 기본권에는 어떤 것들이 있을까? …………………… 124
34 대통령제와 의원 내각제 ……………………………………… 131
35 민주주의의 상대어는? ………………………………………… 135
36 공정한 선거를 위한 출발, 게리맨더링 ……………………… 137
37 형사 재판과 민사 재판 ……………………………………… 142
38 국민의 의견을 들어보는 국민 참여 재판 …………………… 146
39 선거의 네 가지 원칙 ………………………………………… 150

4장 경제

40 인플레이션은 왜 올까? ……………………………………… 156
41 생활 수준을 알 수 있는 국내 총생산 ……………………… 159
42 애덤 스미스의 보이지 않는 손 ……………………………… 164
43 선택과 포기, 기회 비용 ……………………………………… 168
44 인간의 욕구는 크지만 자원은 한정되어 있어 ……………… 172
45 공기와 햇빛도 상품이 될 수 있을까? ……………………… 175
46 환율이 인상되면 외국 여행이 늘어날까? …………………… 178
47 경제 활동에 참여하는 주체들은 누굴까? …………………… 183
48 세상의 큰 변화, 앨빈 토플러의 제3의 물결 ………………… 187
49 교환과 분업, 특화는 톱니바퀴와 같아 ……………………… 191
50 실업의 종류를 알면 실업을 극복할 수 있다 ………………… 194

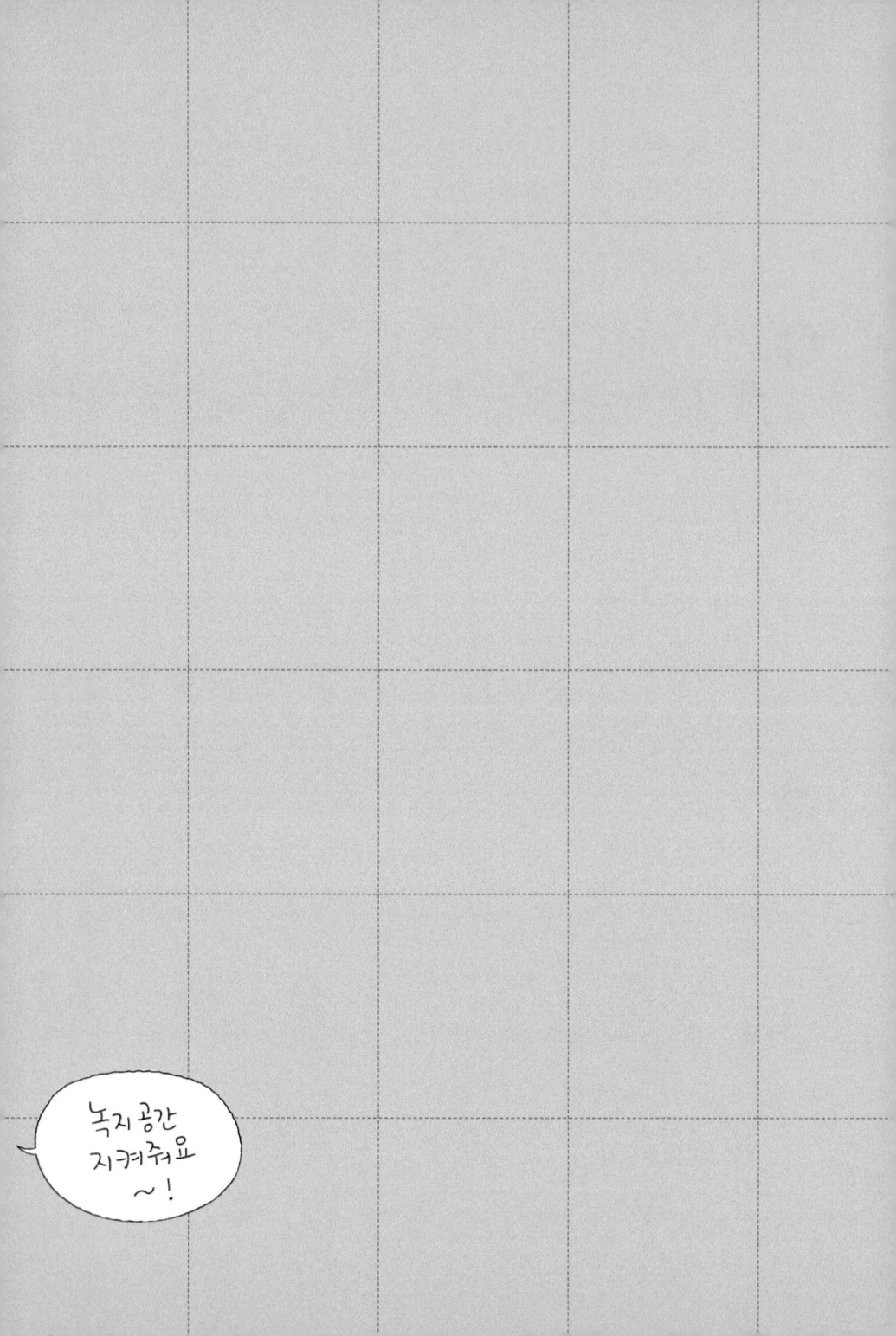

01 인류의 재앙, 지구 온난화

지구 온난화! 있는 그대로 해석해 볼까? '지구가 따뜻해지고 있다'는 뜻이야. 화(化)는 '되어 간다'라는 뜻으로 진행의 의미를 담고 있는데, 영어로 하면 '~ing'형이라고 할 수 있어. 즉, 지구의 온도가 지속적으로 따뜻해지고 있다는 뜻이야.

지구는 왜 따뜻해지고 있을까?

원인은 여러 가지겠지만 현대에서는 인간의 여러 활동에 의해서 발생한 온실가스가 원인이라고 생각해. 온실가스 중에서도 이산화탄소가 대표적인데, 산업이 발달하면서 인류는 화석 연료인 석탄과 석유를 이용하게 되었고, 그로 인해 이산화탄소가 증가하게 되었지.

이산화탄소가 증가한 또 다른 이유는 나무 때문이야. 나무가 이산화탄소를 흡수한다는 것은 잘 알고 있지? 그런데 사람들이 개발이라는 이름으로 대규모의 열대림을 파괴한 나머지 이산화탄소를 흡수하는 나무들이 줄어들면서 이산화탄소가 더욱 증가하게 되었고, 그로 인해 지구 온난화가 더 심해지고 있는 거지.

그림으로 볼까?

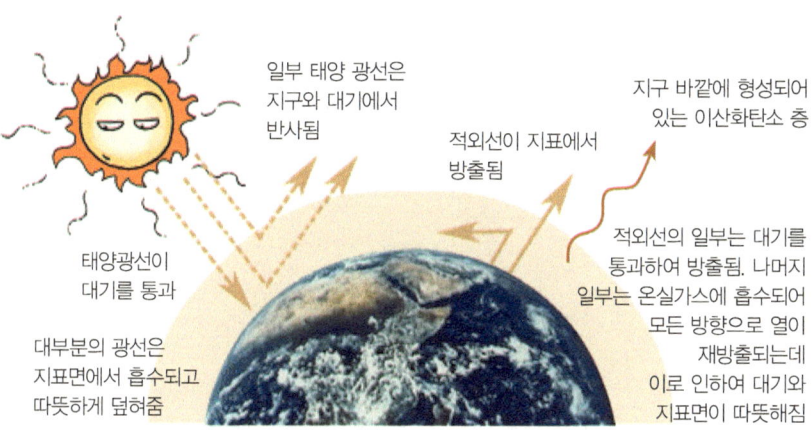

지구 바깥에 이산화탄소 층이 형성되어 있지? 태양의 뜨거운 열이 지구에 도달하게 되고 그 열이 지구에서 바깥으로 빠져나가야 하는데, 이산화탄소 층에 갇혀서 빠져나가지 못해서 지구가 따뜻해지는데 이를 온실 효과라고 해. 이산화탄소 층이 온실의 유리와 같은 역할을 한다고 해서 만든 말이야.

정리하면 인간이 무분별하게 화석 연료를 사용하고 열대림을 파괴하는 바람에 이산화탄소가 증가했고, 그로 인해 발생한 온실 효과가 지구 온난화의 주원인이 되었다고 볼 수 있지.

지구 온난화는 우리에게 어떤 영향을 줄까?

텔레비전에서 북극의 얼음이 녹으면서 북극곰이 사라지고 있다는 뉴스를 자주 보았을 거야.

빙하가 녹으면 어떻게 될까? 해수면이 높아지겠지. 그러면 해안가의 낮은 지대는 바닷물에 잠길 수도 있어. 혹시 투발루라는 나라를 들어 본 적이 있니? 남태평양 중앙에 있는 9개의 섬으로 된 나라인데 지구 온난화로 인해 벌써 2개의 섬이 물에 잠겼어. 2001년에는 국토 포기 선언까지 했고, 현재는 뉴질랜드로 점차적으로 이민을 진행하고 있어. 지구 온난화의 위험과 자신들의 나라를 알리기 위해서 처음으로 2008년 베이징 올림픽에 참가하기도 했지.

지구 온난화는 어떻게 막을 수 있을까?

간단하면서도 복잡해. 화석 연료의 사용을 줄이고 열대림 파괴를 막아 이산화탄소와 같은 온실가스를 줄이면 돼. 말은 간단하지만 인간의 욕심 때문에 그리 간단하지는 않아. 현재는 온실가스를 줄이기 위한 국제적인 협력이 많이 진행 중이야.

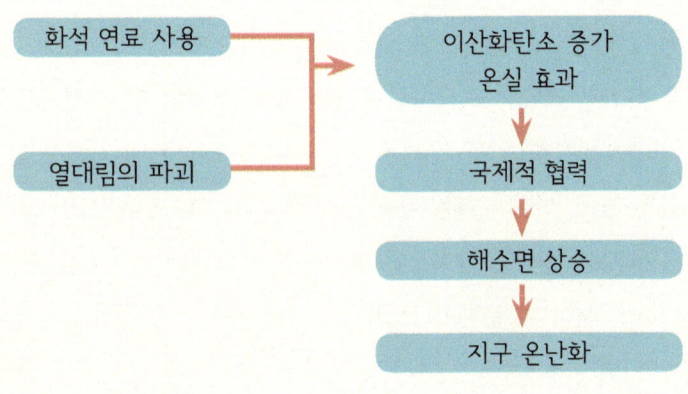

02 국제적인 협력으로 환경 오염을 막아 내자

세계는 지금 환경 오염으로 몸살을 앓고 있어. 땅도 오염되고, 바다와 하천, 공기 등 지구 전체가 오염으로 시름시름 앓고 있지. 그러면 이러한 환경 오염은 한 나라의 노력으로 해결될 수 있을까? 당연히 어려워.

예를 들어 볼게. 중국은 지금 엄청난 속도로 공업화가 진행되고 있어. 그러면서 수많은 오염 물질이 배출되고 있지. 그 오염 물질이 바람을 타고 우리나라로 날아와서 많은 피해를 주고 있어. 황사와 같은 원리라고 생각하면 돼. 우리는 아무런 잘못도 없는데 피해를 볼 수밖에 없는 거야. 이런 문제를 우리나라 혼자 잘한다고 막을 수 있을까? 황사와 오염 물질이 날아오면 마스크를 끼고 다니거나 외출을 하지 않는다고 해서 이 문제가 근본적으로 해결될 수 있을까?

이렇게 요즘은 한 나라의 환경 오염이 다른 나라, 심지어는 지구 전체에 피해를 주는 경우가 많아. 따라서 환경 오염은 한 나라의 문제가 아니라 국제적인 협력으로 해결할 필요가 있는 거야. 이제부터 환경 오염을 막기 위한 국제적인 협력들은 무엇이 있는지 알아보려고 해.

기후 변화 협약과 교토 의정서

앞에서 지구 온난화에 대해서 이야기를 나눴지? 간단하게 다시 설명하면 화석 연료의 사용과 열대림의 파괴로 이산화탄소 등 온실가스가 증가하게 되면서 지구에서 발생하는 열이 지구 밖으로 빠져나가지 못하게 돼. 그러면서 지구의 온도가 상승하는 온실 효과에 의해서 지구 온난화가 나타나게 되는 거야. 그리고 지구 온난화로 전 세계적으로 여러 가지 피해가 나타나고 있어.

지구 온난화의 원인인 온실가스를 줄이기 위해서 1992년 브라질의 리우데자네이루에서 국제적인 협력을 하기로 약속했어. 그 약속을 기후 변화 협약이라고 하는 거야.

기후 변화 협약에서 협(協)은 '협력하다', 약(約)은 '약속하다'라는 뜻이야. 연결하면 '협력하기로 약속함'이 되는 거야. 그런데 온실가스를 줄이기로 약속을 했다고 모든 나라가 잘 지킬까? 양심의 문제겠지만 약속은 약속일 뿐이야. 하지만 언제까지 어느 만큼씩 줄일 것인지 양도 정하고, 규제도 만들면 좀 더 잘 지킬 수 있겠지. 그래서 2005년에 일본의 교토에 모여서 누가, 어느 만큼씩, 언제까지 줄일 것인지 구체적으로 정했는데 이를 교토 의정서라고 해. 의정서는 국가들이 약속을 지키기로 서명한 외교 문서라고 생각하면 돼. 약속보다는 강제성이 강한 것이란다.

바젤 협약

대부분의 국제적인 협약은 선진국이 주도하는 경우가 많아. 그런

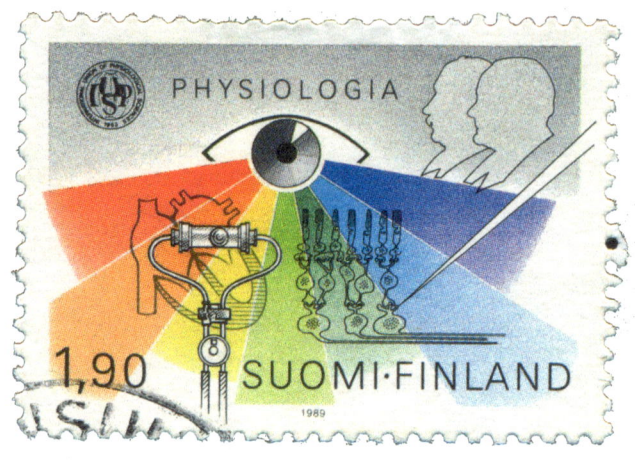

데 바젤 협약은 아프리카 등 경제적으로 낙후된 후진국들이 주도하고 있다는 점에서 특이해. 왜 경제적으로 낙후된 나라들이 주도했을까? 선진국들은 산업이 발달했잖아. 그러다 보니 산업 활동으로 인해 인간에게 해로운 여러 가지 폐기물들이 많이 나올 수밖에 없어. 그런데 선진국들은 자기들 나라에 그러한 폐기물을 버리기 싫어해. 그래서 그 유해(해로운) 폐기물들을 후진국에 가져다 버린 거야. 바젤 협약은 후진국이 선진국의 '폐기물 처리장'이 되어서는 안 되겠다는 위기의식에서 출발하게 돼. 따라서 바젤 협약은 유해 폐기물이 국가 간 이동을 할 경우에는 사전 통보 등의 조치를 취해야 한다고 정했어. 유해 폐기물의 불법 이동을 줄이는 것이 목적이지.

몬트리올 의정서

오존층에 대해서 들어 봤지? 오존층은 지상에서 15~30킬로미터 높이에 있는데, 오존 밀도가 상대적으로 높은 곳을 말해. 그런데 오존층은 왜 중요할까? 오존층은 태양에서 오는 자외선을 흡수하는 역할을 해. 만약에 오존층이 파괴되면 자외선을 흡수하지 못하니 자외선이 지구 표면에 직접 들어오게 되겠지. 그러면 자외선을 직접 받은 피부에 암이 발생하거나 눈 질환 중의 하나인 백내장이 생길 수 있어.

현재 극지방에서는 오존층이 많이 파괴되어 오존 구멍이 나 있는데 그 크기가 점점 커지고 있어.

그러면 왜 오존층이 파괴될까? 여러 가지 원인이 있지만 프레온 가스가 오존층을 파괴하는 중요한 요인이야. 프레온 가스는 우리가 사용하는 스프레이에도 들어 있고, 냉장고나 에어컨의 냉매제(차갑게 해 주는 매체)에도 들어 있어. 그래서 프레온 가스 생산을 줄이고 사용도 줄이자고 1989년에 만들어진 국제 협약이 몬트리올 의정서야.

기후 변화 협약과 교토 의정서 : 지구 온난화를 막기 위한 국제 협력
바젤 협약 : 국가 간 유해 폐기 물질의 불법 이동을 막기 위한 국제 협력
몬트리올 의정서 : 프레온가스의 과도한 사용으로 인한 오존층 파괴를 막기 위한 국제 협력

03 습지와 람사르 협약

혹시 이런 말 들어 본 적 있니? "늪에 빠지다", "수렁에 빠지다", "갯벌에 빠지다". 자, 여기서 너희들이 자주 틀리는 작고 큰 개념 이야기를 한번 해 볼까? 가족과 엄마 중에 어떤 것이 큰 개념이지? 맞아, 가족이야. 가족에는 엄마, 아빠, 누나, 형, 동생도 있지. 늪이나 수렁, 갯벌은 다 습지야. 그러니까 습지가 큰 개념이겠지?

그러면 늪과 수렁, 갯벌과 같은 습지에 왜 빠질까? '습지'를 한문으로 풀이하면 '습(濕)'은 축축하다, '지(地)'는 땅, 풀이하면 '축축한 땅'이야. 다시 말하면 자연적인 환경에 의해서 항상 물이 고여 있는 지역을 말하지. 그러니 빠질 수밖에 없겠지.

습지는 어떻게 형성될까?

대부분의 습지는 물이 흐르다가 물의 흐름이 정체되어 오랫동안

고이는 과정을 거쳐서 형성되는 경우가 많아. 흔히 늪이라고 많이 쓰는데 우리나라에는 창녕에 있는 우포늪이 가장 대표적이지. 그리고 바닷가에 가면 갯벌이 있잖아. 앞서 말했듯이 갯벌도 습지에 속해. 갯벌은 서해안에 발달했는데 강화도 갯벌이 유명해.

습지의 유익한 점은 무엇일까?

우선 생태계의 보고(寶庫)야. 보물창고란 말이지. 습지는 항상 물이 고여 있기 때문에 다양한 수생 식물들이 자라는데 습지에서만 볼 수 있는 독특한 수생 식물들도 많아. 또 수생 식물을 먹는 절지동물을 시작으로 양서류, 파충류, 조류와 육지 동물까지 아주 다양한 먹이사슬을 이루고 있지. 습지는 또 스펀지와 같아서 비가 많이 와도

그 빗물을 흡수하여 홍수가 발생하는 것을 막아 주기도 하고 온실가스의 주요 원인인 이산화탄소를 흡수하여 온실가스를 줄이는 역할도 하지. 기억하고 있지? 지구 온난화의 주요 원인이 이산화탄소와 같은 온실가스 때문이라고 했던 것 말이야.

람사르 협약은 무엇일까?

이렇게 습지는 우리에게 많은 유익함을 주는데 사람들은 개발이라는 명목으로 습지를 없애려고 해. 그래서 습지를 보호하기 위한 국제적인 조약이 맺어졌는데, 이 조약이 람사르 협약이야. 이란 람사르에서 이루어져서 람사르 협약이라고 해. 그리고 3년에 한 번씩 회의를 하는데 우리나라도 1998년 경상남도 창원에서 아시아에서 두 번째로

회의를 개최하기도 했어.

　우리나라에도 람사르 협약에 등록된 습지가 여러 곳 있는데 창녕 우포늪을 비롯해서 신안 장도습지, 순천만 등 18곳이야. 아마 이 책을 읽고 있을 때면 더 늘어났을 수도 있을 거야. 우리에게 유익한 습지, 잘 보존하기 위해서 노력해야겠지?

04 인구 공동화 현상

 큰 도시를 대도시라고 하지. 대도시는 인구 100만 이상일 때 쓰는 말이야. 우리나라에도 그런 도시들이 많이 있어. 서울, 부산, 대구, 인천, 대전, 광주 등…. 이런 도시들의 내부를 한번 볼까? 도시에 가면 백화점, 시청, 은행 등 고층 건물들이 밀집해 있는 중심 지역이 있어. 그런 곳을 도시의 중심, 줄여서 도심이라고 해. 도심은 땅값(지가)이 아주 비싸지. 그런 곳에 집을 짓는 것이 쉬울까?
 예를 들어 보자. 도심 땅 3.3평방미터(1평)가 1억 원이라고 치자. 내가 한 서른 평짜리 집을 지으려 해. 그러면 땅값만도 30억이야. 누가 그런 곳에 집을 지을 수 있겠어? 그래서 도심에는 주택들이 많지 않고 앞서 말했듯이 백화점, 은행, 시청 등 큰 상점이나 업무를 보는 빌딩들이 많아.
 그러면 사람들은 어디에서 살까? 어쩔 수 없이 땅값이 도심보다 저렴한 주변 지역에서 살 수밖에 없겠지. 사람들은 아침에 도심에 있는 직장으로 출근을 하고 밤에는 주변 지역에 있는 집으로 잠을 자러 퇴근을 하겠지. 그러다 보니 아침저녁으로 길이 막힐 수밖에 없는 거야.

도심 기준으로 볼까? 사람들은 낮에 도심으로 출근을 해서 일을 할 거야. 거기다가 도심은 백화점이나 상점들이 많으니 사람들이 쇼핑도 할 거고, 업무를 보러 나오기도 해. 그래서 낮에 도심에 가면 사람들로 북적북적해. 그런데 밤이 되면 어떨까? 일을 마치거나 쇼핑을 마친 사람들은 하나둘씩 주변 지역에 있는 집으로 돌아갈 거 아냐. 그래서 밤에는 낮보다는 돌아다니는 사람들이 적어지겠지.

요약하면 도심은 낮에는 인구가 많으나 밤에는 인구가 적어. 이게 인구 공동화 현상이라는 거야.

05   스프롤 현상과 개발 제한 구역

  무슨 현상이라는 말만 나오면 어려워하는 우리 친구들, 특히 영어로 된 현상은 더 어려운 것 같지? 자, 차근차근 풀어가 보자. 스프롤(sprawl)은 '제멋대로 퍼져 나가다'야. '제멋대로 퍼져 나간다'는 뜻을 '무질서하게 퍼져 나가다'라고 바꾸어도 되겠지. 왜 바꾸었냐고? 교과서에는 그렇게 나오거든.

  그러면 무엇이 무질서하게 퍼져 나가는 것을 스프롤 현상이라고 할까? 바로 도시야. 무슨 소리냐고? 농촌에 있는 사람들이 도시로 들어오는 것을 '이촌향도'라고 하지. 촌을 떠나 도시로 향한다는 거지.

  이촌향도가 지속되면 도시의 인구는 계속 늘어날 거 아냐. 인구가 늘어나면 주택도 많이 지어야 하고, 상점들도 늘어나고, 상품을 만들기 위한 공장들도 늘어나겠지. 그러다 보면 건물들이 많이 생길 것이고 도시는 계속 커지겠지. 다시 말해 도시가 계속 팽창할 거야(퍼져 나갈 거야). 이때 도시는 규칙적으로 퍼져 나가는 것이 아니라 무질서하게 퍼져 나가게 되는데, 이를 스프롤 현상이라고 하는 거야. 간략하게 도시의 무질서한 팽창이 스프롤 현상이야.

스프롤 현상이 왜 문제일까?

스프롤 현상은 계획적으로 도시를 관리하지 못해서 발생하기 때문에 여러 문제가 생기게 돼. 그중에서도 환경 오염의 문제가 크지. 그래서 이러한 도시의 무질서한 팽창을 막기 위해서 만든 것이 개발 제한 구역이야. 말 그대로 개발을 제한하는 거지. 개발을 제한하

면 새로운 주택이나 공장 등을 마음대로 지을 수 없게 되고 녹지 공간이 많이 늘어나겠지. 그래서 개발 제한 구역을 그린벨트(greenbelt)라고도 해.

정리하면 개발 제한 구역은 도시가 무질서하게 팽창하여 발생하는 환경 오염 등의 문제를 해결하고 녹지 공간을 확보하여 도시인의 쾌적한 환경을 조성하기 위하여 설정하는 거야.

스프롤 현상 : 도시가 무질서하게 팽창하는 현상
개발 제한 구역 : 스프롤 현상을 막고 도시 외곽의 녹지 공간을 확보하여 쾌적한 환경을 조성하기 위해 설정한 지역

06 자원은 왜 아껴 써야 할까?

자원을 아껴 쓰자는 말은 어린이집 다니면서부터 들었을 거야. 자원은 인간에게 쓸모 있는 것을 말해. 쓸모없는 것은 자원이라 부를 수 없어. 넓은 의미에서 보면 이 세상에서 쓸모없는 것이 있을까? 내 생각에는 이 세상에 쓸모없는 것은 없다고 생각해. "개똥도 약에 쓰려면 없다"라는 속담도 있잖아. 아무리 하찮은 것이라도 중요하게 쓰일 때가 있다는 속담이야.

자원의 종류에는 무엇이 있을까?

간단히 나누면 두 가지로 나눌 수 있어. 순환 자원과 유한 자원. 순환 자원의 순환은 무슨 의미일까? 순환(循環)의 순(循)과 환(環)은 모두 '빙빙 돈다'는 뜻이야. 순환버스라고 들어봤지? 순환버스는 시작과 끝이 있는 것이 아니라 계속 같은 노선을 빙빙 돌지. 그것처럼 순환 자원은 한 번 쓰고 없어지는 것이 아니라 빙빙 돌면서 계속 사용할 수 있는 자원이야. 다른 말로는 무한정 쓸 수 있다고 해서 무한(無限) 자원이라고도 해.

그러면 유한 자원은 무슨 뜻일까?

유한(有限)을 풀이하면 '한계가 있다'는 뜻인데, 자원에 한계가 있다는 말이 무슨 뜻이냐고? 언젠가 없어진다는 뜻이지. 그래서 다른 말로는 고갈(없어지다) 자원이라고도 해.

물은 무슨 자원일까? 그래, 물은 없어지지 않고 계속 이용할 수 있지. 그러면 순환 자원이겠지? 석유는? 석유는 언젠가 없어질 거야. 그러면 석유는 유한 자원이겠다. 석유나 석탄과 같은 유한 자원들은 언젠가는 없어지겠네. 그러면 어쩌지?

실천은 어렵지만 아주 간단한 방법이 있지. 첫째는 빨리 없어지지 않도록 아껴 쓰면 돼. 두 번째는 계속 사용할 수 있는 순환 자원을 활성화해서 언젠가 없어질 유한 자원을 대신하면 되겠지.

최근에는 바람을 이용한 풍력, 태양을 이용한 태양열, 밀물과 썰물을 이용한 조력 등 순환 자원을 이용하려는 움직임들이 활발해지고있어. 우리가 무한 자원을 이용한 발전소를 만들 수는 없으니 우리는 열심히 자원을 아껴 써야겠다.

순환 자원 : 무한 자원이라고도 하며, 계속 사용할 수 있는 자원
유한 자원 : 고갈 자원이라고도 하며, 한 번 사용하고 다시 사용할 수 없는 자원

07 플랜테이션 농업으로 생산된 커피를 먹나요?

플랜테이션 농업이 무엇일까? 먼저 플랜테이션이 무슨 뜻인지부터 살펴보자. plantation(플랜테이션)은 plan(플랜)에서 나온 말인데 plan(플랜)은 '계획'이라는 뜻이야. 그러면 플랜테이션 농업은 계획된 농업이라는 말이겠네. 그러면 무엇을, 어떻게 계획적으로 농사를 짓는다는 것일까?

과거 서구 열강들이 아프리카, 동남아시아, 라틴아메리카를 식민지로 삼았던 적이 있었어. 많이 들어 봤지? 그때 서양인들이 이런 생각을 했어. 자기들의 자본과 기술을 이용해서 식민지에다가 대규모의 농장을 계획적으로 만들고 원주민들에게 일을 시켜 농산물을 생산하게 하여 자기 나라로 가져가면 좋지 않을까? 원주민들의 값싼 노동력을 이용하면 더 많은 이익이 남겠지. 이런 생각을 기반으로 계획적으로 농사를 짓기 시작한 것이 플랜테이션 농업이야.

그런데 아프리카, 동남아시아, 라틴아메리카는 더운 지역이 많아.

그래서 서양인들이 선택한 농작물은 대부분 더운 지역에서 잘 자라며 서양인들에게 꼭 필요한 것들이야. 초콜릿의 원료인 카카오, 커피, 사탕수수, 천연고무, 담배 등이지. 플랜테이션 농업은 이러한 농작물을 재배하기 위해서 대규모의 농장을 만들어서 기업 위주로 이루어지는데, 이익을 크게 하기 위해서 원주민들에게 임금을 조금밖에 주지 않는단다. 원주민들이야 워낙 일자리가 없기 때문에 플랜테이션 농장에서 일할 수 있게 되어 다행이지만 원주민의 임금 수준은 우리나라 사람이 식당에 가서 먹는 한 끼 식사비도 안 될 정도야.

플랜테이션 농업은 원주민에게 일자리를 주는 착한 농업일까?
여기서 좀 더 깊게 생각해 볼까? 플랜테이션 농업은 원주민에게 일할 수 있는 일자리를 제공해 주는 착한 농업일까, 아니면 원주민의

노동력을 착취하여(빼앗아) 서양인들의 배만 불리는 비도덕적인 농업일까? 의견은 다를 수 있어.

나의 의견은 어떠냐고? 나는 커피를 잘 마시지 않아. 왜냐하면 커피 자체를 그리 좋아하지 않는 이유도 있지만 커피는 아프리카 어린이들의 노동력을 착취하여 생산한, 조금은 좋지 않은 상품이라고 생각하기 때문이야. 나의 의견이 어떤지 쉽게 알 수 있겠지?

플랜테이션 농업 : 열대 지방에서 선진국의 자본과 기술, 원주민의 노동력을 이용하여 커피, 코코아, 사탕수수 등을 대규모 농장에서 계획적으로 재배하는 농업 방식

08 스모그와 산성비의 슬픈 관계

 이 단원에서 배울 내용은 환경 오염 중에서 대기 오염이야. 대기 오염은 하늘이 오염되는 거지. 하늘은 왜 오염될까? 하늘을 오염시키는 것은 액체도 고체도 아닌 기체일 거야. 대부분 석탄이나 석유를 사용하는 자동차나 공장에서 나오는 가스 때문이거든. 좀 더 깊게 들어가면 석탄이나 석유가 타면서 황산화물이나 질소산화물이 나오게 되는데 강한 산성을 띠고 있어. 이 물질이 대기 오염의 주범이야.

대표적인 대기 오염인 스모그는 무슨 뜻일까?

 스모그는 영어 smoke(스모크)와 fog(포그)가 합쳐져서 만들어진 단어야. smoke(스모크)는 '연기', fog(포그)는 '안개'라는 뜻이지. 그러니까 스모그는 연기와 안개가 모여서 만들어진 거야. 다시 말해 자동차나 공장에서 석탄이나 석유를 사용하면 발생하는 매연(연기)과 안

개가 뒤섞여서 형성되는 것을 스모그라고 부르는 거지.

왜 매연과 안개가 뒤섞일까? 원래 공장이나 자동차에서 나온 연기는 바람을 타고 도시 밖으로 빠져나가는 것이 일반적인데 바람이 없는 날이면 매연이 도시 밖으로 빠져나가지 않는 거야. 거기에 마침 안개까지 발생하면 매연과 안개가 뒤섞여서 스모그를 발생시키는 거지. 서울과 같은 큰 도시에 가면 오전에 하늘이 뿌옇게 보이는데 그게 스모그야.

스모그와 산성비는 어떤 관계가 있을까?

석탄이나 석유가 타면서 매연이 나오고 그것이 스모그의 원인이라고 했지? 그리고 매연은 주로 황산화물이나 질소산화물로 이루어졌고, 강한 산성이라고 했어. 느낌이 오니? 느낌이 와야 하는데….

그래, 스모그는 강한 산성인 황산화물과 질소산화물로 이루어져 있는데, 이 스모그가 비에 녹아서 내리면 이를 산성비라고 하는 거야.

그러니까 스모그 때문에 산성비가 내리는 거지.

산성비는 인간에게 많은 피해를 줘. 산성비가 하천에 내리면 하천이 오염되고, 땅에 내리면 토양이 산성화하고, 숲에 내리면 나무들이 말라 죽고, 도시에 내리면 건물이 부식되는(썩는) 피해를 준단다.

더 큰 문제가 있어. 스모그는 기체이기 때문에 바람을 타고 날아다녀. 그래서 주변에 피해를 주기도 하지. 예를 들면 유럽은 공업이 발달했잖아. 그러다 보니 석탄과 석유를 많이 사용하게 되고 스모그가 잘 발생해. 이 스모그가 바람을 타고 노르웨이로 이동하여 산성비를 내려. 그런데 노르웨이에는 아주 넓은 숲이 있어서 이 산성비로 인해 숲이 말라 죽는 피해를 입어. 노르웨이는 자기들이 잘못한 것도 아닌데 괜히 피해만 입게 되니 얼마나 화가 나겠어? 이렇게 스모그와 산성비는 한 나라의 문제가 아니라 주변의 다른 나라에도 많은 피해를 주기 때문에 이를 막기 위한 노력이 있어야 할 거야.

스모그 : 공기 중에 있는 오염 물질과 안개가 뒤섞여서 뿌옇게 보이는 현상
산성비 : 스모그가 비에 녹아서 내리는 현상으로 여러 피해를 줌

09 적조 현상은 무슨 피해를 주나?

　텔레비전에서 뉴스를 보다 보면 적조 현상에 대해서 많이 나올 거야. 들어 봤지? 적조의 '적(赤)'은 '붉다'라는 뜻이고, '조(潮)'는 쉽게 바닷물이라고 생각하면 돼. 그러니 '적조'는 붉은 바닷물이라는 뜻이겠지?

　우선 자정 능력이 무엇인지부터 알아야겠다. 왜 갑자기 자정 능력이냐고? 자정 능력을 알아야 적조가 발생하는 원인을 알 수 있거든. 자정(自淨) 능력의 '자정(自淨)'은 '스스로 깨끗해지다'라는 뜻이야. 우리가 하천에다가 오염 물질을 버리면 오염 물질이 하천으로 흘러가면서 스스로 깨끗해지는데, 이러한 것을 자정 능력이라고 해.

　그런데 너무 많은 오염 물질이 하천으로 흘러 들어가면 그 많은 오염 물질이 스스로 깨끗해질까? 비유해 볼까? 내가 넘어져서 무릎이 아주 조금 까진 거야. 그러면 저절로 나을 거야. 그런데 기계를 잘못 다루다가 손이 절단된 거야. 그러면 스스로 나을까? 불가능하겠지.

이처럼 하천에 오염 물질이 적절하게 들어가면 스스로 깨끗해지지만 너무 많은 오염 물질들이 들어가면 스스로 깨끗해질 수 없어. 이제 하천이 오염되는 원인을 알았지? 스스로 깨끗해질 수 없을 정도로 많은 오염 물질이 하천으로 들어가면 하천이 오염되는 거야.

 그런데 왜 갑자기 바닷물이 붉어지는 적조 현상을 이야기하다가 하천 오염에 대해서 이야기를 했을까? 모든 하천물은 흘러흘러 결국 어디로 갈까? 그래, 바다야. 하천에서 정화되지 않은, 즉 오염된 하천물이 바다로 흘러 들어가면 바다에는 플랑크톤이 많이 늘어나게 돼. 왜 플랑크톤이 늘어나냐고? 오염된 물속에 있는 폐수나 중금속은 플랑크톤의 먹이가 되거든. 그런데 플랑크톤의 색이 적색(붉은색)이면 바다가 무슨 색이 될까? 맞아, 그래서 붉은색이 되는 거야.

 이렇게 하천에서 오염된 폐수나 중금속이 바다로 흘러들어 오면 그 폐수와 중금속을 먹이로 하는 적색 플랑크톤이 엄청나게 많아지고, 그러다 보면 바닷물이 붉은색을 띠게 되는데, 이를 '적조 현상'이라고 하는 거야.

 질문 하나 할까? 최근에 적조 현상은 늘어나고 있을까? 아니면 줄어들고 있을까? 30초 여유를 줄게 생각해 봐. 공업이 점차 발달하면서 하천으로 들어오는 오염 물질은 늘어났을 거야. 그러니 하천 오염이 더 심해졌을 거고 바다로 흘러들어 오는 오염 물질도 많아졌겠지. 그러면 그 오염 물질을 먹이로 하는 플랑크톤도 늘어나고 당연히 적조 현상은 늘어났겠지?

적조 현상은 우리에게 어떤 피해를 줄까?

가두리 양식이라고 들어 봤니? '양식'은 '기른다'는 뜻인데, 알고 있지? '가두리'는 가두었다는 뜻이야. 그러니까 가두리 양식은 '가두어서 기른다'는 뜻이겠네. 가두어서 무엇을 기를까? 바다에서 물고기를 기르는 거야.

그런데 적조가 이 가두리 양식장으로 흘러가면 어떻게 될까? 적조는 붉은 플랑크톤이 대량으로 있는 거잖아. 그런데 플랑크톤도 숨을 쉬어야 할 거 아냐? 숨을 쉬기 위해서는 무엇이 필요하니? 그래, 산소야. 많은 플랑크톤이 숨을 쉬면서 바닷물에 산소가 부족해지게 되겠지? 가두리 양식장에 있는 물고기도 숨을 쉬어야 하는데 산소가 부족해지면서 숨을 쉴 수 없게 될 것이고, 결국 양식장에 있는 물고기들이 떼죽음을 당하게 되는 거야.

바닷물에 산소가 부족해지는 이유는 또 있어. 플랑크톤도 죽겠지? 죽은 플랑크톤이 분해되기 위해서는 산소가 많이 필요해. 그래서 바다에 산소가 부족해져서 물고기가 떼죽음을 당하는 거야.

적조는 어떻게 하면 막을 수 있을까?

간단하지. 적조의 원인을 없애면 되겠지. 적조의 원인은 오염된 하천물이 바다로 흘러들어서 발생하는 거잖아. 그러면 하천이 오염되지 않도록 가정에서 쓰고 흘려보내는 생활 하수나 공장에서 나오는 폐

수를 줄이면 되겠네.

　적조가 발생하면 황토를 뿌리기도 해. 왜냐하면 플랑크톤이 황토에 달라붙어서 바다 밑으로 가라앉기 때문이야. 하지만 황토를 뿌리는 것으로 적조를 근본적으로 해결할 수는 없어. 근본적인 해결책은 조금 전에 설명했듯이 오염 물질이 하천으로 흘러들어 가는 것을 줄이는 거야.

적조 현상 : 하천에서 흘러들어 온 오염 물질을 분해하기 위해서 적색의 플랑크톤이 대량으로 번식하여 바닷물이 붉게 보이는 현상

10 열대 우림에서는 어떤 집을 지을까?

열대 우림? 열대는 알겠는데 우림을 잘 모르겠지? 열대는 뜨겁다는 말이야. 그런데 지구에서 어디가 가장 뜨겁지? 그래, 적도 부근이야. 그런데 적도에는 비가 자주 내려. 적도는 우리나라의 어느 계절과 비슷할까? 당연히 여름이겠지. 여름에 갑자기 강하게 내리는 비를 뭐라고 하지? 맞아, 소나기라고 하지. 황순원이 쓴 소설 중에 소녀와 소년의 사랑을 그린 소설의 제목도 '소나기'잖아.

우리나라에서 여름에 갑자기 소나기가 오는 것처럼 뜨거운 적도에서도 갑자기 비가 자주 오는데, 이를 '스콜'이라고 불러. 그러면 덥고 비가 많이 오면 나무가 잘 자랄까? 당연하지! 그래서 열대는 밀림이 우거져 있는 거야. 이렇게 열대는 비가 많이 내려서 밀림이 우거지거든. 그래서 열대 우림이라고 하는 거야. '우(雨)'는 비가 많이 온다는 뜻이고, '림(林)'은 밀림을 말하는 거야.

뜨겁고 비가 많이 오는 열대 우림에서는 어떤 집을 지을까?

열대 우림은 땅이 뜨겁잖아. 그리고 비가 많이 오니까 습기도 많겠지. 뜨겁고 습기가 많으니까 벌레들도 많을 거야. 그래서 열대 기후에서는 땅에서 올라오는 열기와 습기를 차단하고 벌레의 피해를 막기 위해서 고상 가옥을 짓는 거야. 고상(高上)은 '높은 곳 위'라는 뜻으로 고상 가옥은 높은 곳 위에 지은 집을 말해. 다리를 세운 후에 그 위에 집을 지은 가옥이라고 생각하면 돼.

고상 가옥의 지붕은 경사가 클까? 아니면 작을까? 힌트 줄까? 힌트는 열대 우림은 비가 많이 온다는 거야. 비가 많이 오니까 비가 빨리 흘러 내려야겠지? 지붕의 경사가 클 때 물이 잘 흘러내릴까? 아니면 지붕이 평평해야 물이 잘 흘러내릴까? 당연히 경사가 커야 물이

잘 흘러내리겠지. 그래서 열대 우림의 가옥은 높은 곳에 짓고 지붕의 경사를 크게 하는 거야.

건조 기후에서는 어떤 집을 지을까?

건조하다는 말은 비가 안 온다는 말이잖아. 그러면 지붕의 경사가 클까? 아니면 평평할까? 비가 잘 오지 않으니 물이 많이 없잖아. 그러니까 물이 고여 있어야 하잖아. 만약 경사가 급하면 다 흘러내리겠지?

그래서 건조 기후 지역에서는 지붕의 경사가 평평한 거야.

이렇게 기후에 따라 집의 형태는 다양하게 나타날 수밖에 없어.

열대 우림의 가옥 : 땅의 열기와 해충을 피하기 위해서 고상 가옥이 일반적이며, 지붕의 경사가 급함

건조 기후의 가옥 : 지붕의 경사가 평평함

11 영해와 배타적 경제 수역은 같은 건가?

우리나라에는 크게 세 개의 군대가 있어. 왜 갑자기 군대 이야기냐고? 군대를 알면 우리나라의 영역도 알 수 있거든. 군대는 크게 육군, 해군, 공군이 있어. 군대는 나라를 지키는 사람들이 모인 집단이지? 육군은 땅을 지키고, 해군은 바다를 지키고, 공군은 하늘을 지키잖아. 그러면 우리나라의 영역은 땅, 바다, 하늘로 구성되어 있겠네? 땅은 영토라고 하고, 바다는 영해라고 하고, 하늘은 영공이라고 하는 거야.

모든 바다가 우리 영해일까?

당연히 아니겠지. 그러면 영해는 어디까지일까? 땅이 끝나고 바다가 시작되는 지점을 뭐라고 하는지 아니? 많이 들어 보기는 했지만 대답은 못할 거야. 해안선이라고 해. 해안선은 육지가 끝나는 지점이면서 바다가 시작되는 지점이야.

그러면 그 해안선에서 얼마만큼이 우리나라의 영해일까? 해안선에서 12해리까지야. 해리가 단위냐고? 그래, 1해리는 1.852킬로미터야. 그러니 계산을 하면 12해리는 약 22킬로미터인 셈이지.

자, 그럼 영해는 우리나라 바다니까 다른 나라의 배가 허락 없이 들어올 수 있을까, 없을까? 당연히 들어올 수 없어. 그러면 다른 나라 배가 물고기를 잡을 수 있을까, 없을까? 들어올 수 없으니 당연히 물고기도 잡을 수 없겠지. 이와 마찬가지로 영토와 영공으로도 다른 나라 사람이나 항공기가 허락 없이 들어올 수 없어.

배타적 경제 수역(EEZ)은 뭘까?

영어로는 Exclusive Economic Zone(익스클루시브 이코노믹 존)인데, 줄여서 EEZ라고도 하지. Exclusive(익스클루시브)는 '배타적인', 다른 뜻으로는 '독점적인'이라는 뜻이고, Economic(이코노믹)은 '경제', Zone(존)은 '지역'이라는 뜻이야. 해석하면 '배타적인(독점적인) 경제 지역'이라는 뜻이지. 좀 더 쉽게 풀이해 볼까? '배타적'의 상대어는 무엇이 있을까? '포용적', '수용적'이란 단어가 있어. 그럼 '배타적'은 받아들이지 않겠다는 뜻이지? 한마디로 말하면 '안 돼'라는 말이야. 경제는 쉬운 말이고, '수역(水域)'은 '물의 구역'이라는 뜻이야. 해석하여 풀이하면 '배타적 경제 수역'이란 경제적인 측면에서 받아들일 수 없는('안 돼'라고 외칠 수 있는) 바다의 구역이라는 뜻이야. 여기에서 무엇이 중요한 단어일까? 배타적? 경제? 수역? 주요한 단어는 경제야. 왜 그러냐고? 다음 글을 읽어 보면 알 수 있을 거야.

배타적 경제 수역으로 다른 나라 배가 항해할 수 있을까?

경제적인 측면에서만 '안 돼'야. 조금 전에 중요한 단어가 경제라고 했지? 배타적 경제 수역으로 다른 나라 배도 항해할 수 있어. '안 돼'는 경제적인 측면에서만이라고 했잖아. 다른 나라 배가 항해한다고 해서 경제적으로 우리나라에 피해를 주는 것은 없잖아. 그러니 '안 돼'라고 할 수 없는 거야.

그러면 다른 나라 배가 들어와서 물고기는 잡을 수 있을까, 없을까? 이건 쉽지? 다른 나라 배가 들어와서 물고기를 잡으면 우리나라에 경제적으로 피해를 주는 거잖아. 그렇지? 그러니까 '안 돼'라고 할 수 있는 거야. 그래서 다른 나라의 배가 들어와서 물고기를 잡을 수는 없어.

텔레비전에서 이런 뉴스 들어 봤을 거야. "중국 어선이 우리나라 배타적 경제 수역에서 불법 어업을 해서…". 뉴스를 보면 불법 어업이라고 하잖아. 그러니까 중국 배가 들어와서 항해하는 것은 괜찮지만 물고기를 잡는 것은 불법이기 때문에 '안 돼'라고 할 수 있는 거야.

배타적 경제 수역은 어느 정도일까?

해안선으로부터 200해리야. 영해가 12해리니까 영해보다는 훨씬 넓어. 해안선으로부터 200해리면 해안선으로부터 약 370킬로미터야.

영해와 배타적 경제 수역의 공통점과 차이점은 무엇일까? 표로 나타내 볼까? 다음 표에서 볼 수 있듯이 영해나 배타적 경제 수역이나 다른 나라의 배가 들어와서 어업 활동을 할 수 없다는 것은 공통점이지만 거리가 다르고, 다른 나라 선박의 항해는 차이점이 되는 거야. 이제 영해와 배타적 경제 수역을 비교할 수 있겠지?

	거리	다른 나라 선박의 항해	다른 나라 어선의 어업
영해	12해리	불가능	불가능
배타적 경제 수역	200해리	가능	불가능

해안선 : 땅이 끝나고 바다가 시작되는 지점
영해 : 해안선에서 12해리까지(1해리는 1,852킬로미터)
배타적 경제 수역 : 경제적인 측면에서 받아들일 수 없는 바다의 구역

12 님비 현상과 핌피 현상

만약에 내가 살고 있는 집 근처에 쓰레기 매립장 시설이 들어오면 땅값이 올라갈까? 아니면 내려갈까? 올라가면 좋을 테고 내려가면 싫겠지? 만약에 내가 살고 있는 집 근처에 전철역이 들어오면 땅값이 올라갈까? 아니면 내려갈까? 올라가면 좋을 테고 내려가면 싫겠지? 위 질문들은 우리가 배우려는 님비(NIMBY) 현상과 핌피(PIMFY) 현상과 관계가 아주 깊어.

님비 현상 : 내 뒷마당에서는 안 돼

영어 NIMBY(님비)는 Not in my back yard의 약자야. 해석할 수 있지? not은 '안 된다'는 뜻이고 in my back yard는 '나의 뒷마당'이라는 뜻이잖아. 연결하면 '내 뒷마당에서는 안 된다'라는 뜻이야. 그러면 왜 안 될까? 이익이 되는 시설이 들어와서 안 될까? 당연히 아니겠지. 손해를 줄 수 있는 시설이기 때문에 안 되겠지. 그런 시설을 혐오 시설이라고 해. 혐오 시설이 들어오면 주변 땅값이 떨어지거나 환경이 안 좋아져서 피해를 주기 때문에 안 된다고 하는 거야. 이런 시설에는 어떠한 것들이 있을까? 예를 들면 묘지, 쓰레기 매립장, 하수 처리장 등이 있어. 이러한 시설들이 주변으로 들어오면 손해가 되기 때문에 '내 뒷마당에서는 안 된다'라고 하는 님비 현상이 나타나게 되는 거야.

핌피 현상 : 우리 집 앞마당에 세워 주세요

집 주변으로 들어오면 손해가 아니라 이익을 줄 수 있는 시설이 있을 거야. 그래서 그러한 시설이 들어오도록 노력하는 현상을 핌피 현

상이라고 해. 영어 PIMFY는 'Please in my front yard'의 약자야. 해석하면 '우리 집 앞마당에 세워 주세요'라는 뜻이야. 당연히 이익을 줄 수 있는 시설이기 때문에 우리 집 앞마당에 세워 달라고 하겠지. 이러한 시설들에는 무엇이 있을까? 지하철 역, 고속도로, 관광 단지 등이 있어. 이러한 시설들이 주변으로 들어오면 이익이 되기 때문에 '우리 집 앞마당에 세워 주세요'라고 하는 핌피(PIMFY) 현상이 나타나게 되는 거야.

그런데 쓰레기 매립장, 하수 처리장 등은 국민 모두를 위해서 꼭 필요하지? 만약에 쓰레기 매립장이 없다면 우리가 살고 있는 주변은 쓰레기로 넘쳐나서 온갖 질병이 생기게 될 거야. 그래서 우리 지역은 절대 안 되고 다른 지역에다가 설치하라고 하는 것은 자기 지역만 중요하게 생각하고 사회 전체는 중요하지 않다고 생각하는 지역 이기주의라고 할 수 있어. 그런데 입장 바꿔서 생각하면 누구나 싫어하는 것은 당연하잖아. 나 같아도 그런 시설이 들어오는 것은 싫을 것 같아. 사회 전체 이익도 중요하지만 나의 이익도 중요하잖아.

이러한 문제는 어떻게 해결할까?

국가는 혐오 시설이 설치되는 지역의 주민들을 자주 만나서 그 사람들의 이야기를 귀담아듣고 대화를 통해서 그 문제를 풀어 나가야 해. 해당 지역 주민들의 의견을 무시하고 일방적으로 밀어붙이면 당연히 그 지역 주민들은 반발할 수밖에 없잖아. 또 그 지역의 주민들에게 피해가 간다면 국가는 적절한 피해 보상을 해 주어야겠지. 피해 보고 좋아할 사람은 없잖아. 아마 앞으로도 이러한 뉴스를 많이 접하게 될 거야. 님비 현상도 지역 이기주의적 성격이 있지만 핌피 현상도 그래. 나에게 이익이 되는 시설을 다른 지역은 안 되고 우리 지역만 된다고 하는 것도 당연히 지역 이기주의겠지.

님비 현상 : 묘지, 쓰레기 매립장, 하수 처리장 등과 같은 혐오 시설을 자기 지역에 들어오지 못하도록 거부하는 현상

핌피 현상 : 지하철 역, 고속도로, 관광 단지 등 이익이 될 수 있는 시설을 자기 지역에 들어오게 하려는 현상

13 단풍과 개화는 언제, 어디에서부터 시작될까?

　단풍과 개화(꽃이 핌)는 언제, 어디에서부터 시작할까? 단풍은 날씨가 추워지면서 시작되고, 개화는 날씨가 따뜻해지면서 시작되는 거야. 우선 단풍부터 알아보자.

　식물이 광합성을 통해서 양분을 만드는 것은 알 거야. 광합성에 꼭 필요한 엽록소가 초록색이야. 그래서 나뭇잎이 초록색을 띠게 된단다. 그런데 날씨가 추워지면서 광합성이 중단되고 엽록소가 파괴되어 초록색의 잎이 다른 색으로 변하는데 이를 단풍이 드는 거라고 해. 그러면 언제 추워지기 시작하지? 그래, 늦가을이 되면서 추워지기 시작하지. 그래서 단풍은 늦가을에 시작되는 거야. 그러면 어디서부터 시작되는 걸까? 그림을 통해 알아보자.

　단풍은 추워지면서 나타나는 거니까 어디가 먼저 추워지는지 알면 되겠네. 57쪽에 있는 지도와 산의 그림을 잘 봐. 우선 왼쪽 우리나라 지도를 보면 북쪽과 남쪽 중에서 어디부터 겨울이 오니? 다른 말

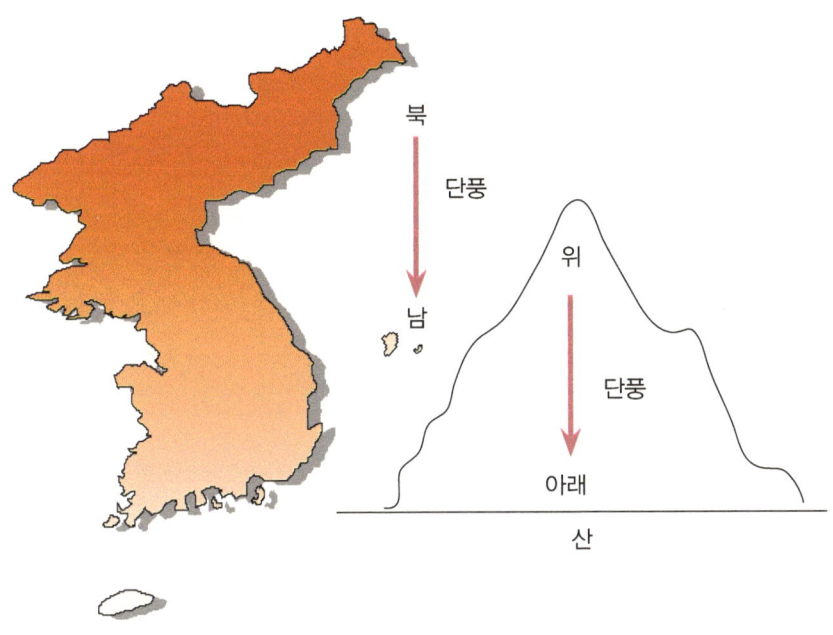

로 어디가 더 춥니? 그래, 북쪽이 더 춥잖아. 그러니 당연히 북쪽부터 단풍이 들겠네.

그러면 산은 위쪽이 더 추울까, 아래쪽이 더 추울까? 산은 위쪽이 더 추워. 그러니 위쪽부터 단풍이 드는 거야. 정리하면 어디에서 가장 먼저 단풍이 드냐면 북쪽이면서 산 위야. 그럼 어디가 가장 단풍이 늦을까? 맞아, 남쪽이면서 평지가 제일 단풍이 늦는 거야. 원리를 이해했니?

질문 하나 해 볼까? 내가 직장을 다니는데 너무 바빠 단풍 구경하러 갈 시간이 없는 거야. 그런데 늦게라도 단풍을 보고 싶어 짬을 냈단다. 어디를 가야 단풍을 볼 수 있을까? 생각보다 아주 간단한 질문이야. 단풍을 늦게 보러 가니까 단풍이 늦게 드는 곳으로 가야 하잖아. 그러니 남쪽이면서 평지로 가야 늦게라도 단풍을 볼 수 있는 거야.

개화는 꽃이 피는 것을 말하는데 꽃은 날씨가 따뜻해지면서 피는 거야. 물론 가을에 피는 꽃도 있지만 개화를 말할 때는 봄꽃을 가리킨단다. 겨울이 지나고 봄이 되면서 날씨가 따뜻해지게 되고, 그러면 꽃이 피잖아. 그럼 꽃은 어디에서부터 피니? 앞에서 말한 단풍과 원리는 같아.

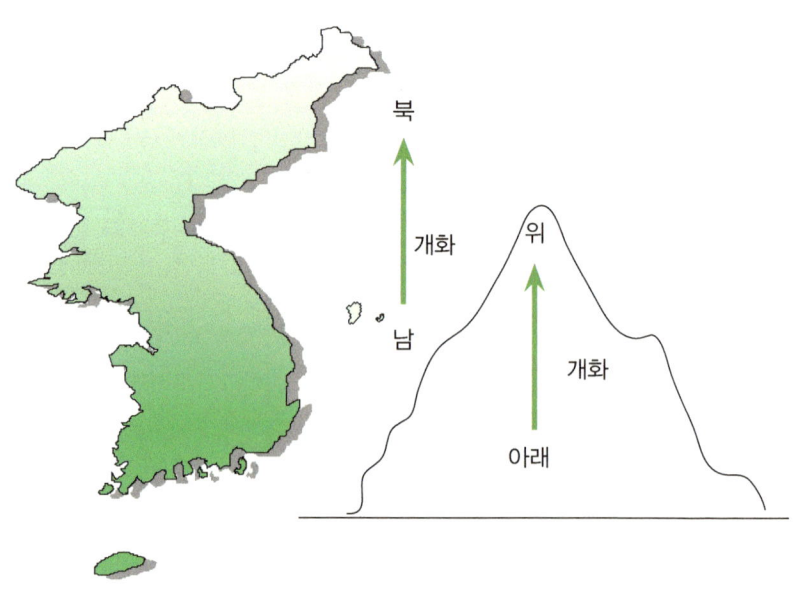

위 그림을 보자. 단풍의 원리를 생각해 봐. 단풍은 추워지면서 추운 북쪽과 산 위에서 먼저 시작한다고 했잖아. 그러면 개화는 따뜻

해지면서 나타나는 것이라고 했으니 따뜻한 남쪽에서 먼저 시작되고, 따뜻한 산 아래에서 먼저 시작되겠네. 쉽지? 나만 쉽나? 이렇게 원리를 알면 모든 것들은 생각보다 쉽게 풀릴 수 있어.

 질문 하나 해 볼까? 지리산과 설악산 중에서 어디에서 먼저 꽃이 필까? 지리산과 설악산이 어디 있는지 모른다고? 그러면 찾아봐. 스스로 찾아봐야 다시는 잊어버리지 않지. 그래서 자기 주도 학습이 중요하다고 하는 거잖아. 정답은? 지리산이야. 왜냐하면 지리산이 설악산보다 남쪽에 있거든. 이제 단풍과 개화가 언제 어디에서 먼저 시작되는지 알겠지?

14. 사막화가 되는 이유가 뭘까?

먼저 질문부터 할까? 현재 지구에서 사막화가 진행되는 면적은 어느 정도일까? 알면 깜짝 놀랄 거야. 지구 육지 면적의 3분의 1이 사막화가 진행되고 있어. 엄청나지? 그러면 어느 대륙의 사막화가 가장 클까? 아프리카에 있는 사하라 사막 때문에 많은 학생들이 아프리카라고 생각할 거야. 그런데 아니야. 유감스럽게도 우리가 살고 있는 아시아 대륙의 사막화 면적이 가장 커. 특히 중국의 사막화 진행이 심각한데, 매년 서울 면적의 6~7배 정도 크기의 면적이 사막으로 변하고 있어. "중국의 사막화가 나와 무슨 상관이야"라고 생각할 수도 있지만 잘 모르고 하는 소리야. 황사라고 들어 봤지? 황사는 '누런 모래'라는 뜻이야. 이 황사가 중국에서 날아오는 것은 다 알지? 중국의 사막화가 심해질수록 우리나라에는 황사가 심해질 수밖에 없어.

사막화가 진행되는 이유가 뭘까?

우선 사막화는 초원이 사막으로 변하는 현상을 말해. 초원은 '풀이 있는 들판'이라는 뜻이야. 그러니까 풀이 있는 초원에 풀이 다 없어지고 모래땅으로 변하는 것이 사막화야. 이유가 뭘까? 원인은 인구 증가 때문이야.

인간이 살기 위해서는 음식을 먹어야 해. 음식으로 식물을 먹기도 하고 동물을 먹기도 해. 인구가 증가하면 곡식을 재배하기 위한

농경지도 많아져야 하고 가축의 수도 늘려야 해. 농경지를 늘리기 위해서는 개간(못 쓰는 땅을 일구어 논밭으로 만듦)을 해야 하고, 그러면 당연히 초원은 감소할 수밖에 없어. 가축도 늘려야 하지. 가축이 무엇을 뜯어 먹니? 당연히 풀이야. 이렇게 가축이 늘어나면 초원은 줄여들 수밖에 없는 거야. 그리고 인간은 연료로 나무를 많이 사용해. 인간이 증가하면 연료가 더 필요해지고 당연히 산림은 파괴될 수밖에 없어.

사막화가 되는 다른 이유도 있을까?

생각보다 아주 간단한 이유가 있어. 비가 안 내려서 그래. 그래서 사막화가 진행되는 곳은 비가 적게 내리는 소우지(비가 적게 내리는 지역)가 대부분이야.

위 내용을 표로 그려 볼까?

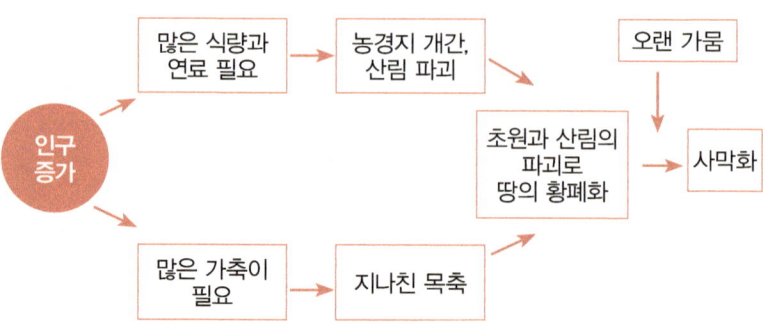

표로 나타내니까 더 쉽게 이해가 되지? 사막화가 진행되고 있는 가장 대표적인 지역이 어딜까? 아프리카에 있는 사하라 사막은 알고 있지? 사하라 사막은 사막이 진행되고 있는 것이 아니라 사막화가 끝났기 때문에 그냥 사막이라고 하는 거야. 사막화(沙漠化)의 '化'는 '진행된다'라는 뜻이야. 그런데 사하라 사막 주변은 현재 사막이 진행되고 있어. 그 지역을 사헬 지대라고 해. 중국도 사막화가 많이 진행되고 있다고 앞에서 말했지?

결국 사막화의 원인은 오랜 가뭄이라는 자연적인 이유도 있지만 근본적인 원인은 인간 때문이라는 것을 알 수 있을 거야. 원인이 인간 때문이니까 인간의 노력으로 사막화를 막을 수도 있겠네. 그래서 사막화를 방지하기 위한 국제적인 협약을 맺게 되었는데, 이 협약을 사막화 방지 협약이라고 해.

사막화 : 가뭄과 인간의 과도한 개발로 인하여 초원이 사막으로 변화하는 현상. 이를 방지하기 위해 사막화 방지 협약을 통해 국제적으로 협력하고 있음

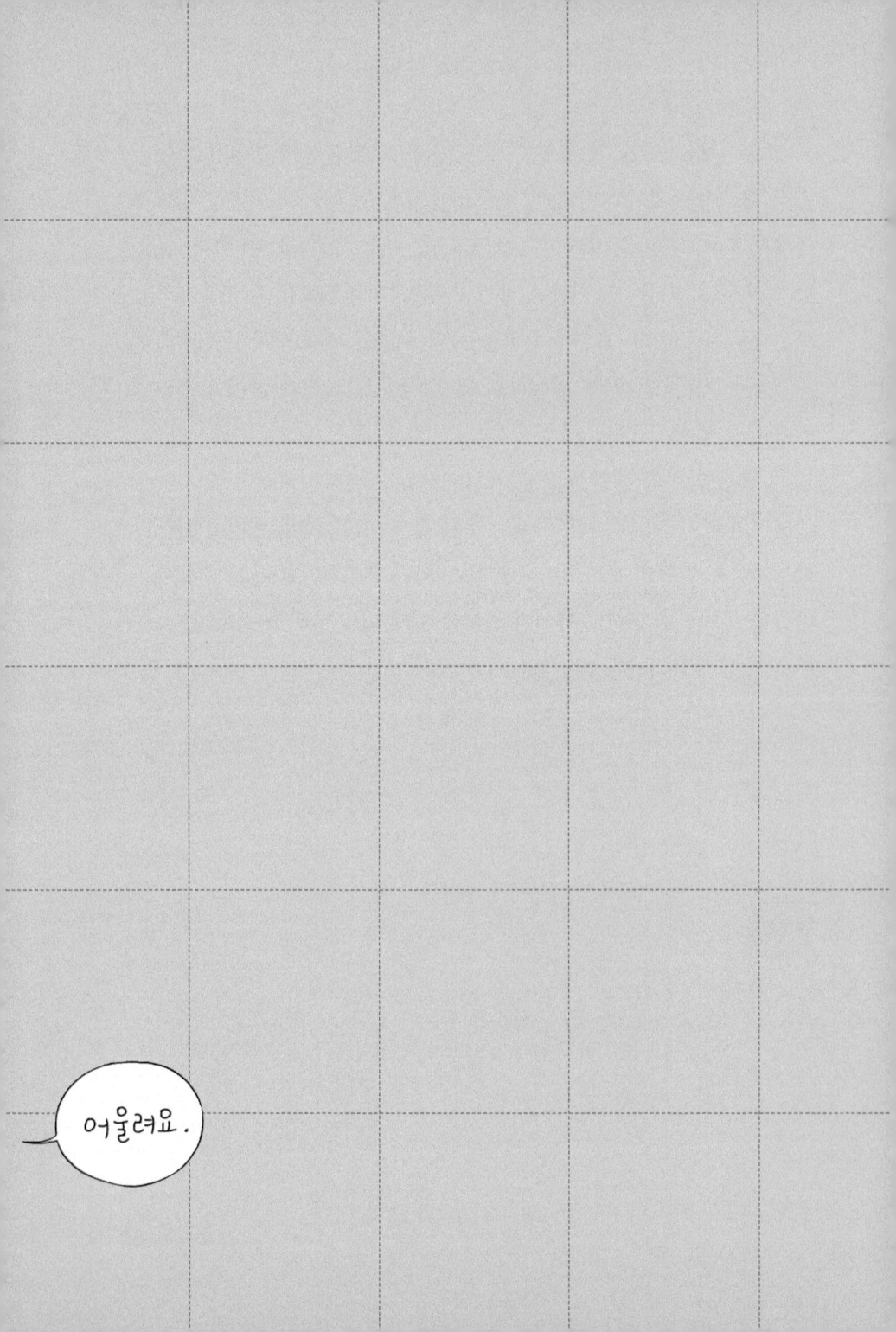

15   문화란 무엇일까?

'문화(文化)'의 의미는 생각보다 간단하지 않아. 문화에는 좁은 의미와 넓은 의미가 있어. 먼저 문화가 무엇인지 생각해 볼까? 아마 대부분의 학생들이 미술이나 음악, 영화 등과 같은 예술 분야를 떠올렸을 거야. 그렇지? 당연히 그것도 문화야. 그런데 그런 것은 좁은 의미의 문화라고 해. 이제부터 우리가 배우려고 하는 것은 넓은 의미의 문화야.

넓은 의미의 문화

넓은 의미의 문화(이제부터는 그냥 문화라고 할게)의 뜻을 파악하기 위해서는 우선 문화의 상대어부터 알아봐야 할 것 같아. 문화의 상대어는? 힌트를 줄까? 문화의 비슷한 말을 알면 조금은 쉬워져. 인간이 인위적으로 만들어 놓은 것을 우리는 문화라고 해. 그래서 문화의 비슷한 말은 인위야. 인위라는 말도 어렵지? 혹시 이런 말 들어 봤니? "저 사람의 행동은 너무 인위적이다", 또 반대로 "저 사람의 행동은 너무 자연스럽다". 뭔가 느낌이 오지 않아? 문화와 인위는 비슷한 말, 인위와 자연은 상대어, 그러면 문화의 상대어는? 그래, 자연이야. 문화 = 인위 ⇔ 자연. 이제 문화의 상대어가 '자연'이라는 것을 알겠지?

예를 들어 보자. 나무에 열매가 열려 있는 거야. 그래서 그냥 따 먹었지. 인간의 인위적인 행위는 없었지? 그런데 그 열매를 따서 냄비에 넣고 불을 피워서 음식을 만들어 먹은 거야. 이러한 행동은 자연에 있는 것을 그대로 얻은 것이 아니라 인위적인 행위를 한 거지. 그럴 때 그 음식은 문화가 되는 거야. 그래서 '음식 문화'라는 말이 나온

거야. 밤이 되자 그냥 동굴이나 밖에서 잠을 잤어. 인위적이지 않지? 그런데 너무 추워서 집을 짓고 그곳에서 잠을 잔 거야. 그럴 때는 '주거 문화'라고 해. 혹시 농경 문화라는 말 들어 봤니? 농경이라는 것은 자연에 있는 것을 그대로 얻는 것이니? 아니면 인간이 여러 도구를 이용해서 노동을 통해 생산을 한 거니? 그래, 농경은 인간의 인위적인 노력을 통해서 얻어진 것이기 때문에 문화인 거야.

이렇게 문화라는 것은 자연적인 것을 변형하여, 다시 말하면 인간이 인위적인 노력으로 만들어 놓은 모든 것들을 말해. 아마 다른 책에서는 이렇게 간단하게 나와 있을 거야. 문화란 자연에서 벗어나 인간이 만들어 낸 모든 생활 양식(일정한 모양이나 형식)이다.

좁은 의미의 문화 : 미술이나 음악, 영화 등과 같은 예술을 말함
넓은 의미의 문화 : 자연에서 벗어나 인간이 만들어 낸 모든 생활 양식을 말함

16 문화의 특수성 · 다양성 · 상대성은 한몸

　앞에서 우리는 문화의 의미를 배웠지? 자연을 인간이 인위적으로 바꾸어 놓은 것을 문화라고 한다는 말, 기억나지? 혹시 벌써 잊은 것은 아니겠지?

　'특수성(特殊性)'은 무슨 뜻일까? 여기서 '특(特)'은 다르다는 뜻이고 '수(殊)'도 다르다는 뜻이야. 간단히 말해 특수성은 다르다는 뜻이야.

　자연환경은 나라마다 다르지? 그런데 자연을 인위적으로 바꾸어 놓은 것을 문화라고 했어. 그러면 각 나라마다 자연환경이 다르니 문화도 당연히 다를 거 아냐. 이렇게 각 나라마다 문화가 다르게 나타날 수밖에 없는데 이를 문화의 특수성이라고 해.

　다시 질문할게. 문화가 각 나라마다 다르다고 했지? 그럼 이 세상에는 문화가 하나일까? 아니면 여러 가지일까? 당연히 여러 가지겠지? 이를 문화의 '다양성'이라고 해. 각 나라마다 문화가 다르니까 문화는 다양할 수밖에 없는 거야.

조금 어려운 것을 물어 볼까? 자연이 다르다 보니 각 지역의 문화는 다르게 나타나는 거야. 그러면 다양한 문화 중에 어떤 문화가 우월하고 어떤 문화가 열등할까? 다들 "우월과 열등을 가릴 수는 없다"라고 대답했지? 그래, 문화는 단지 다른 것일 뿐 우열을 가릴 수는 없는 거야. 각 문화는 그 나름대로 가치가 있거든. 이를 문화의 '상대성'이라고 해.

정리해 보자. 자연이 다르니 자연을 변형한 문화도 특수성이 나타나고, 문화가 다르니 문화의 다양성이 나타나고, 그 다양한 문화 중에서 우열을 가릴 수 없는 문화의 상대성이 나오는 거야. 이렇게 문화의 특수성과 다양성, 문화의 상대성은 한몸이야.

표로 살펴보는 문화의 개념

	A국가	B국가	C국가	특징
자연환경	●	◆	■	자연환경은 다양하다.
⇩	⇩	⇩	⇩	자연환경이 변화한다.
문화의 특수성	●	◆	■	문화가 다르다.
문화의 다양성	●	◆	■	문화는 여러 종류다.
문화의 상대성	가치 있음	가치 있음	가치 있음	각 문화는 우열을 가릴 수 없다.

그림을 분석해 볼까? 각 국가의 자연환경의 형태가 ●, ◆, ■로 다르게 나타나지? 그러니까 그 자연환경이 변화한 문화도 ●, ◆, ■로 다르게 나타날 거야. 이것을 문화의 특수성이라고 하는 거야. 그러니 문화가 한 가지니, 다양하니? 그래, 여러 가지 다양하니까 문화의 다양성이라고 하는 거야. 또 각 국가의 ●, ◆, ■는 그 나름대로 가치가 있으니 무엇이 우월하고 무엇이 열등하다고 말할 수 없겠지? 이를 문화의 상대성이라고 하는 거야.

조금 더 생각해 보자. 각 나라의 문화는 그 나름대로 가치가 있다고 했지? 그러니 우리에게도 각 나라의 문화를 존중하는 태도가 필요할 거야. 이렇게 다른 나라의 문화를 이해하고 존중하는 태도를 문화 상대주의라고 해. 문화를 바라보는 올바른 태도지. 문화 상대주의와는 달리 문화를 바라보는 잘못된 태도가 있는데, 이것은 다음 단원에서 알아보자.

문화의 특수성 : 각 나라마다 문화의 형태가 다르게 나타나는 성격
문화의 다양성 : 문화의 특수성으로 인하여 문화의 형태가 여러 가지로 나타나는 성격
문화의 상대성 : 여러 가지의 다양한 문화의 차이를 인정하려는 성격

17 자신의 문화가 최고라는 생각은 잘못

다른 문화의 가치를 존중하려는 올바른 태도를 문화 상대주의라고 했어. 그런데 문화의 우열(우월과 열등)을 가릴 수 없다는 문화 상대주의와는 달리 문화의 우열을 가리려고 하는 잘못된 태도가 있어. 잘못된 태도이니 여러 문제점들이 나타날 거야. 지금 우리가 배울 내용이야.

표로 나타내 볼까?

자문화	타문화	문화의 유형
우월	열등	(가)
열등	우월	(나)

(가)는 무엇일까? 자문화는 우월하고 타문화는 열등하다는 생각, 조금 자기중심적인 생각이지. 말 그대로 자문화 중심주의라고 해. 그

러면 자문화 중심주의의 예로는 무엇이 있을까? 그래 중국의 중화사상이 대표적이지. '중화사상'의 '중'이 중국을 뜻한다고 생각하는 학생들이 많은데 아니야. 한자로 쓰면 '중화(中華)', '중(中)'은 '가운데'이고 '화(華)'는 '꽃'이라는 뜻으로 중국을 의미해. 풀이하면 "중국이 이 세상의 중심이다"라는 뜻이야.

자문화 중심주의의 문제점은 무엇일까?

가끔 친구들 중에 잘난 척하는 친구들이 있을 거야. 잘난 척하는 친구들은 대부분 자기가 가장 잘났다고 생각하기 때문에 친구들을 사귀기 힘든 경우가 많지? 같은 의미에서 자문화 중심주의도 자기문화가 가장 잘났다고 생각하기 때문에 국제적으로 외톨이가 될 수도 있어. 또 자기 문화가 가장 잘났으니 다른 문화의 좋은 점도 받아들이지 않을 거야. 그러니 문화의 발전도 쉽지 않겠지. 우리 학생들, 너무 잘난 척하지는 말자!

자문화 중심주의의 문제는 또 있어. 자문화 중심주의가 너무 심한 경우인데, 자기 문화가 최고니까 다른 나라도 그 문화를 받아들여야 한다고 생각하고 강요하는 거지. 우리가 일본의 식민지였을 때 일본이 그랬잖아. 일본이 우리들에게 자신들의 문화를 강요했었지. 예를 들면 일본 이름으로 바꿔라, 자신들의 조상을 섬겨라 등등. 이렇게 자문화 중심주의가 지나쳐 다른 나라에 자신들의 문화를 강요하는 것을 문화 제국주의라고 해.

자문화 중심주의의 문제점을 요약해 볼까?

자기가 최고라고 잘난 척하다 보니 국제적으로 외톨이가 될 수 있으며 다른 문화를 받아들이지 않아서 문화의 발전이 있을 수 없어. 또한 자신의 문화를 다른 나라에 강요하는 문화 제국주의가 나타날 수 있어. 좀 길지만 이해했지?

18 다른 나라의 문화가 최고라고 생각하는 잘못

앞 단원에서 아래 표를 봤을 거야.

자문화	타문화	문화의 유형
우월	열등	(가)
열등	우월	(나)

(가)는 앞 단원에서 배웠으니 이제 (나)를 살펴보자. (나)는 무엇일까? 자문화는 열등하고 타문화는 우월하다는 생각, 지나치게 다른 문화를 추종하거나 다른 문화에 굽신거리는 태도인데 이를 문화 사대주의라고 해. 사대주의의 '사대(事大)'는 무슨 뜻일까? '일한다'라는 뜻이지? 맞아. 그 말도 맞지만 '사(事)'라는 글자는 '섬긴다'라는 뜻도 있어. '대(大)'는 어렵지 않지. 그래, '크다'라는 뜻이지. 그러니까 '사대(事大)'는 '큰 나라를 섬긴다'라는 뜻이야. '섬긴다'와 '추종하고 굽신거린다'라는 말은 의미가 많이 비슷하지. 그래서 다른 문화를 추종하고

다른 문화에 굽신거리는 것을 문화 사대주의라고 하는 거야. 지금은 우리나라의 제품 중에서 세계적으로 유명한 것들이 많지만 예전에는 일제니, 미제니, 독일제니 하면서 외국 제품들을 무조건 최고라고 생각하던 시절이 있었어. 하기야 지금도 그런 사람들은 있지만. 그렇게 외국 문화나 제품을 맹목적으로 추종하고 선호하는 것도 문화 사대주의의 일종이라고 볼 수 있어.

문화 사대주의의 문제점은 무엇일까?

이것도 예를 들어 볼까? 만약 일제 강점기에 일본 문화를 강요받았을 때, 우리 문화를 버리고 일본 문화를 추종했다면 지금 우

리의 문화가 남아 있을까? 그랬다면 우리의 문화는 사라졌을 거야. 이렇게 문화 사대주의는 자기 문화에 대한 주체성을 상실함으로써 자기 문화가 사라지게 되는데, 그러다 보면 타문화의 문화 식민지로 전락할 수밖에 없어.

 자 그럼 우리는 어떻게 해야 할까? 자기 문화에 대한 지나친 우월의식도 문제지만 자기 문화를 버리고 다른 문화를 맹목적으로 따르는 것도 좋지 않지. 우리는 자기 문화에 대한 주체성을 가지면서 다른 문화 중에서 좋은 문화가 있다면 받아들일 수 있는 개방적인 태도가 필요할 거야. 그렇지?

19 문화의 변화 속도는 다르다

문화는 변화할까? 아니면 그대로일까? 당연히 문화는 변화하겠지. 조선 시대와 지금을 비교하면 금방 알 수 있지. 옷을 입거나 밥을 먹거나 하는 방식이 많이 바뀌었잖아. 그런데 문화는 변화하는 속도가 달라. 혹시 문화 지체 현상에 대해서 들어 본 적 있니? 내 생각으로는 흔히 접하지는 않았을 거야. 이제부터 문화 지체 현상에 대해 알아보자.

문화 지체 현상이란?

우선 지체가 무슨 뜻인지 알아볼까? 운전자들이 아주 싫어하는 단어가 뭔지 알아? 정체, 지체, 서행이야. 정체는 자동차가 꽉 막혀서 잘 움직이지 못하는 것이고, 서행은 속도가 줄어든 상태에서 자동차가 움직이는 거야. 지체는 가다, 서다를 반복하는 상태이고. 그럼 지체는 느리게 움직이는 거네. 그렇지?

그러면 문화 지체는 문화가 느리게 움직이는 것이겠구나. 어떤 문화가 느리게 움직이는 걸까? 문화는 인간의 기술에 의해 만들어진, 다시 말해 형태가 있는 물질문화와 형태를 가지지 않는 정신문화로 이루어져 있어. 그럼 물질문화와 정신문화 중에 어떤 문화가 느릴까? 바로 정신문화야.

'문화 지체 현상'에서 생략된 말을 괄호에 넣어서 문장을 만들어 볼까? (물질문화보다) (정신)문화가 느린(지체) 현상. 문화 지체 현상이라는 것은 기술문화(물질문화)의 변화 속도는 빠른데 정신문화는 변화 속도가 느려서 물질문화의 속도를 따라가지 못하는 현상을 말해.

예를 들어 볼까? 휴대폰을 생각해 보자. 휴대폰이 나온 지 얼마나 되었을까? 30년 정도 되었을까? 처음에는 크기가 엄청 커서 벽돌 크기와 비슷했어. 그때는 전화를 걸고 받는 기능밖에 없었어. 그런데 지금은 어때? 휴대폰으로 인터넷뿐만 아니라 컴퓨터로 할 수 있는 대부분을 다 할 수 있지. 휴대하는 작은 컴퓨터라고 생각하면 돼. 아마 이 글을 읽고 있을 시기에는 훨씬 더 발전된 휴대폰이 나와 있겠지.

그런데 휴대폰 예절은 어떠니? 처음 나올 때나 지금이나 공공장소에서 큰 소리로 받거나 심지어 학생들은 수업 시간에도 휴대폰을 몰래 하기도 하잖아. 이렇게 휴대폰의 기술은 빠르게 변화하는데 휴대폰 예절과 같은 정신문화는 느리게 변화하면서 빠르게 변화하는 휴대폰 기술을 따라가지 못해. 이를 문화 지체 현상이라고 하는 거야.

다른 예도 있어. 아마 학교에서 많이 드는 예일 거야. 자동차 기술은 하루가 다르게 변화하는데 교통질서 의식은 아직도 그대로잖아. 이제 문화 지체 현상이 이해가 됐나?

정리하면 문화 지체 현상은 사람의 의식과 같은 정신문화가 기술과 같은 물질문화의 변동 속도를 따라가지 못해서 발생하는 거야.

문화 지체 현상 : 정신문화가 물질문화보다 변동 속도가 느린 현상

20 규범이 없는 세상, 아노미 현상

　아노미(anomie) 현상을 이해하려면 먼저 anomie(아노미)를 해석해 봐야 해. anomie는 a+norm의 합성어야. 라틴어 a가 맨 앞에 나오면 '~이 없다'라는 의미로 쓰이는 경우가 있어. norm은 '규범이라는 뜻이야. 합치면 '규범이 없다'라는 뜻이 되겠네. 규범은 좀 넓은 개념인데 국어사전에는 인간이 행동하거나 판단할 때 마땅히 따르고 지켜야 할 기준이라고 나와 있어. 규범에는 관습, 도덕, 법 등이 있는데, 그중 법이 가장 강제성이 강한 규범이야.

　정리하면 아노미 현상은 규범이 없는 상태야. 규범이 없으면 사회는 어떨까? 당연히 무질서하게 될 거야. 개인적으로 규범이 없으면 어떻게 될까? 개인적으로는 어떤 것이 옳은지, 아니면 그른지 가치관의 혼란이 나타나겠지.

아노미 현상은 왜 생기는 걸까?

요즘 사회의 변화 속도가 매우 빠르지? 교과서대로 하면 '급격한 사회 변동'이라고 해. 사회가 급격하게 변동하면 기존에 우리들이 가지고 있던 규범들이 무너지는 경우가 많아. 그런데 기존의 규범이 무너진 상태에서 빨리 새로운 규범이 확립되어야 하는데, 그렇지 못하면 규범이 없는 상태인 아노미 현상이 발생하는 거야.

예를 들어 볼까? 과거에는 늙은 부모님을 자식이 모시는 것을 너무도 당연히 여겼어. 하지만 사회가 빠르게 변화하면서 늙은 부모님을 자식이 모시는 경우는 이제 많이 줄어들었어. 농촌에 가 봐. 젊

은 자식들은 다 도시로 떠나고 부모님들만 홀로 사는 경우가 대부분이야. 그마저도 더 나이가 들어 거동이 불편해지면 노인 요양 시설에서 모시는 경우가 대부분이지. 그러면서 부모님을 자식이 모셔야 한다는 전통적인 효에 대한 개념이 무너지게 되었고, 자식들은 어떻게 하는 것이 옳은 것인지 혼란에 빠지게 되었지. 이러한 효에 대한 규범이 없는 상태에서 사람들은 많은 가치관의 혼란을 겪게 되는 거야.

정리하면 기존의 규범이 무너지면서 규범이 없는 상태에서 가치관의 혼란이나 사회의 무질서가 나타나게 되는데, 이를 '아노미 현상'이라고 하는 거야.

아노미 현상 : 급격한 사회 변동으로 인하여 기존의 규범이 무너지면서 규범이 없는 상태에서 가치관의 혼란이나 사회의 무질서가 나타나는 현상

21 목적보다 절차가 더 앞서는 목적 전도 현상

목적 전도 현상에서 '전도'라는 말이 어렵지? '전도(顚倒)'를 국어사전에서 찾아보면 "차례, 위치 따위가 뒤바뀌어 거꾸로 됨"이라고 되어 있어. 쉽게 풀이하면 전도는 뒤바뀌는 거야. 이를 바탕으로 목적 전도 현상을 풀이하면 목적이 뒤바뀌는 현상이겠네. 그러면 목적이 무엇과 뒤바뀌는 것일까? 절차나 수단이야. 그래도 어렵지?

병원으로 예를 들어 볼까? 병원은 왜 있을까? 병원을 세운 목적은 무엇일까? 환자를 치료하고 생명을 살려서 건강한 삶을 살아가도록 하는 게 병원을 세운 목적이겠지? 병원을 잘 운영하기 위해서는 여러 가지 절차나 수단들이 있을 거야. 그중에는 환자를 수술할 경우에는 보호자의 동의를 받는 절차가 있어. 어느 날 교통사고를 당한 아주 위독한 환자가 병원에 실려 온 거야. 아무리 찾아봐도 신분증도 없고 가족들과 연락할 방법이 없는 거야. 당장 수술을 하지 않으면 죽을지도 모르는 상황이야. 그런데 환자를 수술할 경우에는 보호자의 동의가 필요하다는 절차를 지키기 위해서 이곳저곳 보호자와 연락을 시도하려는 중에 환자는 죽고 말았네. 만약 병원에 실려 오자마자 수술을 했으면 살 수 있었을 텐데 말이야.

병원의 목적은 사람을 살리는 거야. 그러나 결국 사람은 죽었어. 지나치게 절차와 수단을 강조하다 보니 본래 목적을 달성하지 못한 거야. 다시 말하면 보호자의 동의라는 원칙을 지나치게 강조하다 보니 사람을 살려야 한다는 병원의 목적이 이루어지지 못한 거야.

그러면 사람을 살려야 한다는 목적이 우선이니? 아니면 보호자의 동의라는 원칙이 우선이니? 당연히 사람을 살려야 한다는 목적이 우선이지. 그런데 위의 예를 보면 결국 보호자의 동의라는 절차가 사람을 살려야 한다는 목적보다 우선했잖아.

이렇게 목적과 절차가 뒤바뀌는 현상을 '목적 전도 현상'이라고 해.

22 모든 사람이 가지고 있는 지위와 역할

우선 지위가 무엇인지 알아야겠다. 지위란 자신이 속한 집단에서 차지하고 있는 위치를 말해. 예를 들면 나는 우리 가족이라는 집단에서의 위치가 아내한테는 남편, 아이들한테는 아빠, 부모님한테는 아들이야. 그런데 자신이 속한 집단이 얼마나 될까? 아주 많아. 우선 대한민국이라는 집단에 속해 있고, 지역이라는 집단에 속해 있고, 학원이라는 집단에도 속해 있고, 가족이라는 집단에도 속해 있어. 그러다 보니 지위는 하나가 아니겠지. 우리는 정말 많은 지위를 가지고 있어.

귀속 지위와 성취 지위

여러 지위 중에서 태어날 때부터(선천적으로) 자연적으로 주어지는 지위를 귀속 지위라고 하고 나중에(후천적인) 개인의 능력이나 노력으로 얻어지게 되는 지위를 성취 지위라고 해.

남편은 무슨 지위일까? 귀속 지위라고? 아니야. 태어날 때부터 남편인 사람이 있니? 남편이 되기 위해서는 결혼을 해야 하는데 결혼하는 것이 그리 쉬울까? 얼마나 큰 노력이 필요한데.

그러면 남자는 무슨 지위일까? 그래, 귀속 지위야. 태어날 때는 남자도 여자도 아니었는데 열심히 노력해서 남자가 된 건 아니잖아. 태어날 때부터 남자였지.

나는 학원에서 선생님이라는 지위를 가지고 있어. 그러면 선생님이라는 지위에 기대되는 행동이 있겠지? 당연히 학생들을 열심히 가르치는 거겠지. 이렇게 지위에 따라 기대되는 행동을 '역할'이라고 해. 지위가 많으니 역할 또한 많겠지? 역할을 잘 수행하면 어떨까? 반대로 역할을 잘 못하면 어떨까? 내가 학생들을 잘 가르치면 원장님은 "고맙습니다." 하고 월급을 올려 줄 거야. 이렇게 역할을 잘 수행하면

개념 있는 열세 살

보상을 받을 거야. 반대로 학생들이 "저 선생님은 너무 못 가르쳐서 이해가 안 돼요." 하면 원장님은 "내일부터 나오지 마세요. 그동안 수고하셨습니다." 하겠지. 이렇게 역할 수행에 따라 보상을 할 수도 있고, 아니면 제재(처벌)를 가할 수도 있어.

우리 학생들도 지위에 맞는 역할을 잘 수행하기 위해서 이렇게 열심히 공부하는 거니까 힘들어도 조금만 참아. 알았지?

지위 : 자신이 속한 집단에서 차지하고 있는 위치
귀속 지위 : 태어날 때부터(선천적으로) 자연적으로 주어지는 지위
성취 지위 : 개인의 능력이나 노력으로 얻어지게 되는 지위
역할 : 지위에 따라 기대되는 행동

23 역할 갈등

　우선 역할에 대해서는 앞에서 설명을 했지? 잊었다고? 그럼 복습해 보자. 지위란 자신이 속한 집단에서 차지하는 위치라고 했지. 그리고 그 지위에 따라 해야 할 행동을 역할이라고 했어. 나는 학원에서 선생님이라는 지위를 가지고 있고 열심히 가르쳐야 하는 것이 나의 역할이지. 또 지위는 하나가 아니라 여러 개라고 했고 그에 따른 역할도 여러 개라고 했지.

　학생들이 가끔 나에게 질문을 해. "선생님 어떻게 하면 공부를 잘할 수 있어요?", "공부를 잘할 수 있는 방법이 뭐죠?" 너희들뿐만 아니라 부모님들도 무진장 많이 하는 질문이야. 나는 방법을 알고 있어. 그리고 답을 이야기해 주지. 그러면 많은 학생들이나 부모님들은 '또 그 얘기야' 하고 관심 있게 들으려 하지 않아. 그 답이 뭐냐고? 복습을 열심히 하는 거야. 이 책을 읽고 있는 너희들도 똑같이 뻔한 얘기라고 생각했겠지? 우리는 초등학교에 들어가자마자 선생님들에게 '복습 열심히 해야 공부를 잘할 수 있다'라는 이야기를 귀에 딱지가 앉도록 들어. 만약 초등학교 때부터 복습보다 더 좋은 공부 방법이 있다면 선생님은 그 방법을 말해 줬겠지, 왜 복습을 강조했겠어?

샛길로 너무 빠졌네. 본론으로 돌아가서 지위가 여러 개니까 역할도 여러 개라고 했지? 예를 들어 나는 아빠, 남편, 선생님 등의 지위를 가지고 있고, 또 그에 따르는 역할을 해야 해. 이때 동시에 여러 역할을 수행하느라 각각의 역할이 서로 충돌하여 갈등이 발생하는 경우가 있어. 이를 역할 갈등이라고 해.

다른 예를 들어 볼까? 나는 선생님이야. 그러니까 학생들을 열심히 가르쳐야 해. 나는 아빠이기도 해. 당연히 자식들을 잘 돌봐야겠지. 그런데 어느 날 중요한 수업을 하고 있는데 집에서 전화가 온 거야. 막내아들이 갑자기 열이 40도까지 올랐다는 전화야. 이럴 때 나는 어떻게 해야 할까? 선생님으로서의 역할을 열심히 하기 위해 수업을 하자니 자식을 잘 돌봐야 한다는 아빠의 역할을 제대로 못하게 되고, 거꾸로 아빠의 역할을 위해서 수업을 중단하고 막내아들을 병원으로 데리고 가면 중요한 수업을 열심히 해야 하는 선생님의 역할을 할 수 없게 되잖아. 이렇게 각 역할이 서로 조화를 이루지 못해서 이러지도 저러지도 못하는 갈등이 발생하게 되는데, 이를 역할 갈등이라고 해. 예를 하나 더 드니까 이제 조금은 이해했지?

역할 갈등을 어떻게 해결하면 좋을까?

이러한 역할 갈등을 해결하기 위해서는 중요한 것을 택해서 우선적으로 수행해야 할 필요가 있어. 나 같은 경우에는 수업도 중요하지만 자식의 건강이 더 중요하다고 생각하기 때문에 원장님에게 사정을 잘 말씀드려서 막내를 병원에 데리고 가서 치료를 하고, 못한 수업은 다시 보충을 잡아서 할 것 같아.

역할 갈등을 잘 해결하지 못하면 심리적으로 많이 불안해질 수 있으니 어떠한 것을 먼저 해야 할 것인지 순서를 정해서 차근차근 해결해 나가야 해.

역할 갈등 : 여러 가지 역할을 수행하는 가운데 각각의 역할이 서로 조화를 이루지 못하고 충돌하여 이러지도 저러지도 못하는 상황

24 차이와 차별

'다르다'와 '틀리다'는 유의어, 즉 비슷한 말일까? 아니야. '다르다'와 '틀리다'는 엄연히 다른 말이야. '다르다'는 것은 생각이나 사물의 형태 등이 같지 않은 것을 말해. 그래서 '다르다'의 상대어는 '같다'야. 예를 들면 '나는 당신 생각과는 달라.', '사과와 배는 다르다.'처럼 서로를 비교할 때 '다르다'라는 표현을 해.

반면에 '틀리다'의 상대어는 '맞다'야. '맞다'와 '틀리다'는 어떤 사실을 정답과 오답으로 이야기할 수 있는 것들이지. 예를 들면 '1+1=3은 틀리다', '경복궁은 서울에 있다' 등 이렇게 '틀리다'와 '맞다'는 정답과 오답으로 명확하게 말할 수 있는 경우에 쓰여.

정리해 보면 '다르다'는 서로 비교해서 표현할 때, '틀리다'는 정답과 오답으로 명확하게 구분할 때 쓰여. '나는 너의 생각과 달라.'는 맞는 말이지만, '나는 너의 생각과 틀려.'는 잘못된 말이야.

그러면 '차이'라는 단어는 '다르다'와 '틀리다' 중에 어떤 단어와 서로 의미가 비슷할까? '차이'는 사람들 사이에 생긴 모습이나 생각, 행동 등이 다른 것을 말해. '차이'는 '다르다'와 의미가 비슷하다고 할 수 있어.

요즘 많은 사람들이 '다르다'와 '틀리다'를 혼동하는 것 같아. 특히 정치가들은 더욱 심한 것 같고. 너와 나의 생각은 다른 것인데, 이를 혼동하여 "나와 생각이 다르면 너는 틀린 거야."라고 생각하는 사람들이 많은 것 같아.

우리는 서로 다르다는 것을 인정해야 해.

서로 다르다는 것을 인정하지 않고 나와 다른 상대를 부당하게 대우하는 것을 뭐라고 할까? 정답은 차별이야. 예를 들면 우리나라에서 일하는 외국인 노동자를 봐. 우리하고 살아온 환경, 피부색, 언어 등이 다르잖아. 다르니까 그 다른 것을 그대로 인정해야 하는데, 이를 인정하지 않고 다르다는 이유로 그들을 부당하게 대우하는 경우가 많아. 이럴 때 '외국인 노동자들이 차별을 받고 있다.'라고 하는 거야.

'차별'의 상대어를 알아보자. '차별'은 똑같이 대우하는 거니? 아니면 다르게 대우하는 거니? 그래, 우리나라 사람과 외국인을 다르게 대우하는 거잖아. 그러면 차별의 상대어는 뭘까? 위에 있는 말을 반대로 하면 되겠네. 우리나라 사람과 외국인을 똑같이 대우하는 거겠지? 정답은 바로 '평등'이야.

25 늑대 인간으로 본 사회화

'사회화'에서 '사회'는 무슨 뜻일까? 너무나 많이 들어 본 말이지? '사회(社會)'의 '사(社)'는 '단체', '회(會)'는 '모이다'라는 뜻이야. '사회'를 풀이하면 '모인 단체'겠지? 그러면 무엇이 모인 단체일까? 그래, 사람이 모인 단체야.

그러면 '사회화'의 '화'는 무슨 뜻일까? 우리는 '화(化)'가 들어간 말을 너무 많이 배우고 있어. 예를 들면 사막화, 정보화, 도시화 등 엄청 많아. 그런데도 '화(化)'의 의미를 모르는 친구들이 대부분이야. 한번 풀이해 보자. '화'는 한자로 '化'야. '되다'라는 뜻으로 흔히 쓰여. 그래서 뜻을 넣어 읽을 때는 '될 화'라고 해.

좀 더 깊이 들어가 볼까? '化'는 '人(인)'과 '匕(비)'가 합쳐져서 만들어진 글자야. 정확히 말하면 '人(인)'은 사람이 서 있는 모습이고, '匕(비)'는 사람이 누워 있는, 즉 죽어 있는 모습이야. 풀이하면 '인간은 서 있다가 언젠가는 죽는다'는 뜻이야. 즉, 모든 인간은 "人에서 匕로 되

개념 있는 열세 살 95

어 간다"라고 할 수 있지. 그래서 '화(化)'는 '되어 간다'라는 뜻이야.

'되어 간다'는 말을 다른 말로 바꾸면 '진행한다'라고 할 수 있을 거야. 영어로 하면 '~ing', 즉 진행형이야. 이렇게 볼 때 사막과 사막화는 엄연히 다른 말이야. 사막은 이미 사막이 된 상태이고, 사막화는 사막이 진행된다는 뜻이지. 세계에서 가장 큰 사막이 어디지? 그래, 아프리카에 있는 사하라 사막이야. 그런데 사하라 사막을 사하라 사막화라고 하지는 않아. 왜냐하면 사하라 사막은 이미 사막이 되었거든. 그런데 사하라 사막 주변은 사막이 진행되고 있어. 그 지역을 사헬 지대라고 하는데, 그 사헬 지대를 사막이라고 하지는 않아.

사회화는 무슨 뜻일까?

'사회'는 '사람들이 모인 단체'라고 했고, '화'는 '되어 간다'라는 뜻이라고 했어. 붙여서 해석하면 '사회화'는 '사람들이 모인 단체, 즉 사회의 구성원으로 되어 간다'라는 뜻이야.

그러면 사회의 구성원이 되기 위해서는 어떻게 해야 할까? 사회가 유지되기 위해서 사회 구성원들이 지켜야 할 규범을 만들어 놓았고, 좋은 것과 나쁜 것, 옳은 것과 잘못된 것과 같은 가치관도 만들어 놓았어. 또 사람들이 살아가야 할 행동 양식인 문화도 만들어 놓았어. 따라서 그 사회의 구성원이 되기 위해서는 그 사회의 규범과 가치관, 행동 양식인 문화를 배워야 해. 그래야 다른 사람들과 어울려서 살 수 있고, 사회의 진정한 구성원이 되지. 그런데 그 사회에 살면서도 그 사회의 규범이나 가치관, 문화를 제대로 배우지 못한 사람들은 그 사회의 규범이나 가치관, 문화를 지키지 않아 이를 범죄라고 하지. 그래서 범죄자는 사회의 진정한 구성원이 될 수 없으니 감옥에 가두는 거야.

정리해 보자. '사회화'란 "인간이 태어나서 자신이 속한 사회의 규범이나 가치관, 문화를 배워 감으로써 그 사회의 구성원이 되어 가는 과정"이라고 할 수 있어. 이해되었니?

사회화에 대한 예를 하나 들어 볼까? 늑대 소녀에 관한 이야기야. 1920년대 인도의 콜카타에서 발견된 두 여자아이인데 아기 때부터 늑대와 함께 살아서 그런지 늑대처럼 네발로 걷고, 늑대처럼 울고, 늑대처럼 음식을 먹었어. 그 소녀들은 사람의 문화나 가치관, 규범을 배우지 못했어. 단지 늑대의 생활을 배웠지. 사람에게 발견된 이후에도 인간 사회에 제대로 적응하지 못하고 죽었어. 이렇게 사람으로 태어나서도 사람의 생활 방식이나 규범 등을 배우지 못하면 사회의 구성원으로 성장할 수 없게 되는 거야. 자, 이제 사회화에 대해서 이해했지?

26 변화에 적응하기 위한 재사회화

사회화라는 말은 앞에서 자세하게 설명했지? 다들 알고 있다고 생각하지만 혹시나 하는 마음에 간단히 한 번 더 설명할게. 사회화란 인간이 태어나서 그 사회의 규범, 가치관, 문화를 배워서 그 사회의 구성원이 되어 가는 과정이야.

그럼, '재사회화'는 쉽겠다. '사회화'라는 의미만 정확히 안다면 '재사회화'는 어렵지 않아. 한자로 풀이해 볼까? '사회화'는 알고 있으니 '재(再)'라는 한자만 해석하면 되겠네. '재(再)'는 '다시'라는 뜻이야. 그럼 '재사회화'는 '다시 사회화'를 한다는 뜻이네.

왜 다시 사회화를 해야 할까?

다시 사회화를 해야 하는 이유는 크게 두 가지야. 첫째, 사회화는 사회의 구성원이 되어 가는 건데 내가 속한 사회가 바뀐 거야. 그럼,

바뀐 사회의 구성원이 되어야 하니 바뀐 사회의 규범과 문화를 다시 배워야겠지? 이럴 때 재사회화가 필요한 거야.

예를 들어 볼까? 대한민국에 살다가 미국으로 이민을 갔어. 당연히 이민 간 미국의 규범과 문화를 다시 배워야겠지? 또 군대에 갔을 때도 새로운 사회인 군대의 규범과 문화를 다시 배워야겠지? 이렇게 자신이 속한 사회가 바뀌었을 때 재사회화가 필요해.

둘째, 자신이 속한 사회는 바뀌지 않았는데 사회 자체가 변화된

경우야. 요즘 사회가 천천히 변하니? 아니면 빨리 변하니? 당연히 빨리 변하지. 교과서에 나온 말로 하면 급속한 사회 변동이라고 할 수 있지?

예를 들면 20년 전만 하더라도 컴퓨터는 일반적이지 않았어. 하지만 지금은 컴퓨터를 모르면 살아갈 수 없을 정도야. 그럼, 변화한 사회의 구성원이 되기 위해서는 변화한 것들을 다시 배워야겠지? 그래서 재사회화가 필요한 거야. 예를 들어 노인들이 컴퓨터 교육을 받는다든지, 영어를 배우기 위해 직장인이 영어 학원에 다닌다든지, 새로 나온 스마트폰을 배운다든지 말이야.

그런데 사회가 빨리 변하면 재사회화의 중요성이 더 커질까? 아니면 더 작아질까? 당연히 커지지. 변화된 사회에 적응하는 것이 사회화잖아. 사회가 너무 빨리 변하니 다시 배워야 할 것도 많아지겠지? 그러니 재사회화의 중요성은 점점 커질 수밖에 없는 거야.

27　사회 조직이 뭘까?

　사회 조직이 되기 위해서는 크게 세 가지 조건이 맞아야 해. 첫째, 사회 조직이란 특정한 목적을 달성하기 위해서 의도적으로 만들어진 조직이야. 말이 조금 어렵지? 밑줄을 한 번 쳐 볼까? 우선 '특정한 목적'에다 밑줄 쫙, '의도적'에도 밑줄 쫙.
　'특정한 목적'에서 '특정'은 '특별하게 정해 놓은'이라는 뜻이야. 예를 들어 학교를 생각해 보자. 학교는 특별하게 정해 놓은 목적이 있니? 당연히 있지. 학생들에게 지식과 인격을 가르치는 것이 목적이야. 두 번째로 밑줄을 친 '의도적'이란 뜻은 무엇일까? 쉽게 말하면 '일부러'라는 뜻이지. '의도적'의 상대어는 '자연적'이야. 학교는 자연적으로, 다시 말해 저절로 만들어졌니? 아니면 우리가 일부러 만들었니? 그래, 당연히 일부러 만들었지. 이제 연결해 볼까? 학교는 지식과 인격을 가르치는 특정한 목적을 달성하기 위해서 의도적으로(일부러) 만든 조직이야. 그러니 학교는 사회 조직이겠지?

둘째, 사회 조직이 되기 위해서는 지위와 역할이 체계화되어 있어야 해. 학교에 가면 교장 선생님, 교감 선생님, 학생 부장님, 학년 부장님, 담임 선생님 등 지위가 체계화되어 있지? 그리고 교장 선생님의 역할, 교감 선생님의 역할, 학생 부장님의 역할, 학년 부장님의 역할, 담임 선생님의 역할 또한 체계적이야.

셋째, 사회 조직은 정해진 규범과 절차에 따라 운영돼. 규범은 쉽게 말해 우리가 지켜야 할 행동이야. 학교에서는 우리가 지켜야 할 규범들이 많아. 결석과 지각을 하지 말아야 하고, 숙제를 잘 해야 하고, 수업 시간에 떠들지 말아야 하고 등등. 이렇게 학교는 정해진 규범에 따라, 정해진 절차에 따라 운영을 해. 절차는 순서라고 생각하면 돼. 3월이 되면 새 학기가 시작되고, 5월이 되면 중간고사를 보고, 7월이 되면 기말고사를 보고 여름 방학도 하지. 이렇게 학교는 정해진 규범과 절차에 따라 운영되기 때문에 사회 조직이라고 할 수 있지.

정리하면 사회 조직이란 특정한 목적을 달성하기 위해 의도적으로 만들어져서 구성원들의 지위와 역할을 체계화하고 정해진 규범과 절차에 따라 운영되는 집단을 말해.

가족은 사회 조직일까?

이후의 글을 읽지 말고 1분 정도 생각해 보자. 생각해 봤니? 그래, 가족은 사회 조직이니? 아니니? 생각보다는 쉽지 않지? 차근차근 생각해 볼까? 가족은 특정한 목적을 달성하기 위해 의도적으로 만들어졌니? 다시 말해서 아빠는 어떠한 특정한 목적을 달성하기 위해 의도적으로(일부러) 엄마를 만나서 결혼을 해서 가족을 이루었을까? 엄마, 아빠는 특정한 목적을 달성하기 위해서 의도적으로(일부러) 너희를 낳아서 가족을 이루었을까? 아니겠지? 사랑하니까 결혼도 하고 너희도 낳아 가족을 이루었겠지? 그래서 가족은 특정한 목적을 달성하기 위해 의도적으로 만들어진 것이 아니기 때문에 사회 조직이라고 볼 수 없어.

이제 사회 조직에 대해서 알겠니? 그러면 사회 조직에는 어떠한 것들이 있을까? 기업은 사회 조직이야. 기업은 특정한 목적(이익, 돈을 벌기 위해)을 위해 의도적으로(일부러) 만들었으며, 사장부터 일반 사원까지 지위와 역할이 분명하고, 정해진 규범(지켜야 할 행동)과 절차도 뚜렷하지. 그러니 기업은 사회 조직이야. 정부나 군대 등도 사회 조직이라고 볼 수 있어.

사회 조직의 조건	예) 학교
특정한 목적을 달성하기 위해서 의도적으로 만들어진 조직	지식과 인격을 가르칠 목적으로 의도적으로 만들어진 조직
지위와 역할의 체계화	교장, 교감, 담임 등의 지위와 역할이 체계적임
정해진 규범과 절차에 따라 운영	지켜야 할 행동인 규범과 절차로 운영

28 규범에는 어떤 것들이 있을까?

우선 규범이 무슨 뜻인지부터 알아야 해. 규범은 사람들이 지켜야 할 일정한 행동 기준이야. 예를 들어 보자. 우리가 이 세상에서 자기가 살고 싶은 대로 마음대로 살아도 될까? 아무 곳에나 쓰레기를 버리고, 기분 나쁘다고 다른 사람들을 때리고, 갖고 싶다고 다른 사람 것을 빼앗고, 이렇게 살면 다른 사람들에게 많은 피해를 줄 거야. 사회도 매우 혼란스러울 거고. 그렇지? 그래서 이런 문제를 해결하기 위해서 "이럴 때는 이렇게 행동해라" 하는 기준을 만들었어. 이것을 '규범'이라고 해.

규범은 좁은 개념일까?

규범은 좁은 개념일까, 아니면 넓은 개념일까? 그래, 넓은 개념이야. 우리가 살아가면서 지켜야 할 모든 것들을 규범이라고 하는 거야.

좁은 개념과 넓은 개념을 혼동하면 안 돼. 도덕과 법도 우리가 살아가면서 지켜야 할 것들이야. 그러니 도덕과 법은 규범이지. 그 외에도 규범에는 관습이나 종교도 있어.

그러면 관습, 종교, 도덕, 법은 다 우리가 지켜야 할 규범이네. 그렇지? 자세히 알아보자.

관습은 무엇일까?

'관습(慣習)'의 '관(慣)'은 '익숙해지다'라는 뜻이고, '습(習)'은 '되풀이하다'는 뜻이야. 그래서 '복습(다시 되풀이하다)'이라는 말의 의미도 배운 내용을 되풀이해서 공부한다는 말이야. '관습'이라는 말도 풀이하면 "오랫동안 되풀이해서 익숙해진 것들"이야. 예를 들어 우리는 부모님이 돌아가시면 장례를 며칠 동안 치를까? 그래, 사흘이야. 우리가 옛날부터 되풀이하면서 지켜 오고 있는 행동이지. 이렇게 한 사회에서 오랜 시간 동안 지켜 오면서 내려온 규범을 '관습'이라고 부르는 거야.

종교 규범은 무엇일까?

특정 종교마다 지켜야 할 행동들이 있어. 예를 들면 기독교는 "나 이외의 다른 신을 믿지 마라."는 규범이 있고 불교는 "생명을 해치지 마라."는 규범이 있지. 이렇게 종교도 꼭 지켜야 할 행위의 기준을 만들기 때문에 규범이라고 할 수 있어.

도덕은 인간이 양심에 따라 마땅히 지켜야 할 도리를 말해. 예를 들면 "부모님에게 효도해라.", "웃어른을 공경해라.", "친구와 사이좋게 지내라." 등등 말이야.

도덕과 법은 할 말이 많으니 다음 단원에서 함께 생각해 보자.

29 법과 도덕은 어떻게 다를까?

우리는 바로 앞에서 규범에 대해서 알아봤어. 규범은 인간이 지켜야 할 행동 기준으로 넓은 개념에 속해. 규범에는 부분적으로 관습, 종교, 도덕, 법 등이 있지. 다 기억나지?

이제 법과 도덕에 대해서 자세히 알아보자. 우선 법과 도덕의 공통점은 쉽게 알 수 있을 거야. 그래, 다 우리가 지켜야 할 규범이라는 점이야. 그럼 차이점은 무엇일까?

법과 도덕 중에 행위의 결과를 중시여기는 규범은 어떤 것일까?

예를 들어 볼까? 한 학생이 어디를 가고 있는데 마을 어르신이 걸어오시는 거야. 인사를 해야 하는 것은 당연하잖아. 그래서 인사를 했지. 그런데 너무 가까운 거리에서 하다 보니 잘못해서 어르신 머리와 부딪혔네. 그 바람에 어르신이 넘어지면서 급작스럽게 숨을 거두고 알았어. 그 학생은 어른에게는 인사를 해야 한다는 좋은 동기로 인사를 했는데, 결과적으로는 사람을 죽인 거야. 그럼 법적으로는 처벌을 받을까? 안타깝게도 사람을 죽였으니 처벌을 받을 수밖에 없어. 그런데 마을 사람들은 그 학생을 욕할까? 내 생각에는 그렇지 않을 거야. 그 학생이 나쁜 동기로 그런 것이 아니라 좋은 동기로 한 행동이기 때문에 마을 사람들은 "쯧쯧쯧, 불쌍해서 어쩌나." 하고 안타깝게 여길 거야. 결론을 내리면 그 학생의 행동은 결과적으로 사람을 죽였기 때문에 처벌을 피할 수 없겠지만 도덕적으로 비난을 받지는 않을 거야. 왜 비난을 받지 않을까? 도덕은 행동의 결과보다는 그 행동을 하게 된 동기를 중요하게 여기기 때문이야. 따라서 첫 번째 질문인 "법과 도덕 중에 행위의 결과를 더 중요하게 여기는 규범은 어떤 것일까?"의 정답은 바로 '법'이야

법과 도덕 중에 어떤 규범이 강제성이 강할까?

한 청년이 길을 걸어가다가 다른 사람과 서로 어깨가 부딪힌 거야. 그런데 청년이 기분이 나쁘다고 부딪힌 사람을 때렸지 뭐야. 달려온 경찰이 청년을 끌고 경찰서로 가려 하자 청년이 "나를 왜 경찰서에 데려 갑니까? 상대방이 어깨로 나를 밀었어요!" 이렇게 이야기 했어. 그렇다고 청년이 경찰서에 끌려가지 않을까? 당연히 끌려가지. 그리고 국가의 처벌을 받게 될 거야.

다른 예를 하나 더 들어 볼까? 한 청년이 길거리를 가다가 어르신

을 만난 거야. 청년은 인사하기가 귀찮아서 그냥 지나쳤어. 그랬더니 어르신이 이 청년을 경찰에 신고했지. 경찰은 청년을 끌고 갈까? 당연히 안 끌고 가지. 다만 양심적으로 마음에 걸리고 사회적으로 비난은 받을 수 있겠지. 따라서 "법과 도덕 중에 어떤 규범이 강제성이 강할까?"의 정답도 '법'이야

자, 이제 도덕과 법을 어느 정도는 구분할 수 있겠지?

도덕	법
행위의 동기 중시	행위의 결과 중시
자율성 중시	강제성 중시

30 억울할 때는 심급 제도

사람들은 살아가면서 잘못을 저지르기도 해. 때에 따라서는 다른 사람들과 분쟁이 벌어지기도 하고 말이야. 그러면 이러한 것들은 어떻게 해결을 해야 할까? 그 해결 방법 중에 하나가 재판이야. 재판이라고 하면 그냥 복잡할 것 같다는 생각부터 들지? 복잡하다는 선입견을 버리고 차근차근 풀이해 보자. 우선 어떤 사건을 말해 볼게. 실제 사건이 아니라 내가 만든 이야기야.

민수 씨는 밤에 운동하는 것을 좋아해. 어젯밤에도 동네 한 바퀴를 빠른 걸음으로 돌고 왔지. 그런데 다음 날 경찰들이 온 거야. 민수 씨가 어젯밤에 일어난 절도(남의 물건을 몰래 훔치는 행위) 사건의 범인으로 의심된다는 이유에서야. 민수 씨는 억울했지만 민수 씨를 목격한 사람이 있다고 하니 경찰도 민수 씨를 의심하지 않을 수가 없었어. 그래서 민수 씨는 재판을 받게 되었어.

1심 재판은 지방 법원에서 하는데 민수 씨는 징역 1년의 유죄 판결을 받게 되었어. 민수 씨는 너무 억울했어. 단지 목격자가 민수 씨를 범인으로 확실하게 보았다는 증언만 있을 뿐 다른 증거는 없었거든. 그래서 민수 씨는 고등 법원에 항소를 했어. 그러나 2심 재판을 맡은 고등 법원에서도 징역 1년의 유죄 판결을 내린 거야. 민수 씨는 재판 결과에 승복(죄를 인정함)할 수 없었어. 그래서 대법원에 상고했어. 3심을 담당한 대법원은 "목격자의 말을 제외하고는 민수 씨가 범인이라는 뚜렷한 증거가 없을 뿐만 아니라 어두운 밤이었기 때문에 민수 씨를 확실히 봤다고 할 수 없으므로 민수 씨를 유죄라고 볼 수 없다."라고 무죄 판결을 내린 거야. 그래서 민수 씨는 억울한 누명을 벗게 되었지.

　위의 사건을 읽어 보니 어려운 말들이 여러 개가 있고, 또 조금은 '복잡하다'는 생각이 들었을 거야. 이제부터 정리할 거니까 정리가 끝나면 위 사건을 꼭 다시 읽어 보도록 해.
　우리나라는 재판을 세 번까지 받을 수 있어. 이를 '3심 제도'라고 해. 왜 그럴까? 당연히 한 번의 재판으로 정확하게 판결할 수 없기 때문이야. 다시 말하면 억울한 사람이 발생할 수도 있기 때문이야. 그래서 이 억울함을 해결하기 위해 다른 법원에서 다시 재판을 받을 수 있는 제도를 두었는데, 이를 심급(審級)제도라고 불러. '심급(審級)'의 '심(審)'은 '살피다', '급(級)'은 '순서'라는 뜻이야. 연결하면 '순서대로 살피다'야.

심급 제도는 어떻게 운영될까?

우리나라의 법원은 지방 법원, 고등 법원, 대법원으로 나누어져 있고, 1심은 지방 법원, 2심은 고등 법원, 3심은 대법원에서 담당해. 지방 법원의 1심 판결에 불만이 있으면 고등 법원에 다시 재판을 요구할 수 있는데, 이를 '항소'라고 해. 그리고 고등 법원의 2심 판결에도 불만이 있으면 대법원에 다시 재판을 요구할 수 있는데, 이를 '상고'라고 해. 이렇게 해서 세 번 재판을 받을 수 있는 거야.

〈심급 제도〉

1심	항소	2심	상고	3심
지방 법원	⇒	고등 법원	⇒	대법원

정리해 볼까? 우리나라는 억울함이 없도록 다른 법원에서 다시 재판을 받을 수 있는데, 이를 심급 제도라고 해. 재판은 세 번까지 가능해. 1심에 불만이 있으면 고등 법원에 항소를, 2심에 불만이 있으면 대법원에 상고를 하지. 이제 정리가 되었니? 학생들은 특히 항소와 상고를 자주 착각하니 꼭 확실하게 정리해 두도록 해.

31 미란다 원칙

미란다가 뭘까? 사람 이름 같기도 하지? 그래, 맞아! 사람 이름이야. 사람 이름을 기반으로 해서 만든 원칙이지. 그 원칙이 만들어진 배경을 한번 알아볼까?

우선 단어 하나 정리하고 가자. '피의자'라는 단어야. 텔레비전에서 많이 들어 봤겠지만 정확히는 모를 거야. '피의자'는 '범죄를 저지른 것으로 의심되는 자'를 말해. 쉬운 말로 하면 '범인으로 의심되는 자'라고 해도 될 것 같아. 여기서 확실히 해야 할 것은 피의자는 절대로 범죄를 저지른 나쁜 놈이 아니라는 거야. 범죄를 저지른 것으로 의심되는 사람일 뿐이야.

인종 차별이 있던 1960년대 미국에서 있었던 일이야. 멕시코 출신의 '미란다'라는 남자가 백인 소녀를 납치하고 범죄를 저질렀어. 이를 알게 된 백인 경찰은 미란다를 잡아들였어. 당시만 해도 미국은 인종 차별이 아주 심했기 때문에 백인 경찰들은 멕시코 출신인 미란다가 백인 소녀를 대상으로 범죄를 저질렀다는 이유만으로도 괘씸했지. 그래서 피의자의 권리를 알려 주지 않고 미란다를 조사한 거야. 조사 2시간 만에 경찰들은 미란다로부터 자기가 범인이라는 자백(스스로 고백함)을 받아 냈어. 미란다가 쉽게 자백을 했을까? 아마 화가 난 백인 경찰들이 폭행과 협박 등을 했을 거 같아. 아무튼 미란다는 재판을 받게 되었는데, 재판 과정에서 자기가 자백한 것은 어쩔 수 없이 한 것이며, 자기는 죄가 없다고 주장했어. 결과는 어떻게 되었을까? 무죄 판결을 받았어. 아무리 피의자라도 경찰은 피의자의 권리를 알려 주었어야 하는데, 경찰들이 그 피의자의 권리를 알려 주지 않았다는 이유 때문이야.

이 사건을 계기로 피의자의 권리를 '미란다 원칙'이라고 부르게 되었어. 그럼 이 미란다 원칙은 정확하게 무엇일까?

미란다 원칙에는 어떤 내용이 있을까?

"당신은 묵비권을 행사할 수 있고 변호사를 선임할 수 있으며 법정에서 불리한 진술에 대해 입장을 거부할 권리가 있습니다."

미란다 원칙을 자세히 살펴보면 세 가지 내용이야. 첫째, 묵비권이야. 묵비권이란 피의자가 조사 과정에서 자기에게 불리한 진술을 말하지 않아도 될 권리를 말해. 가끔 영화를 보면 경찰이 피의자에게 이것저것 물어봐도 아무 말도 하지 않는 피의자를 봤을 거야. 그게 묵비권이야.

둘째는 변호사의 도움을 받을 수 있는 권리야. 변호사는 피의자를 도와주는 사람이야. 피의자는 법에 대해서 잘 모르잖아. 그러니까 당연히 법을 잘 아는 사람의 도움을 받아야겠지. 그때 법적으로 피의자를 도와주는 사람을 변호사라고 하는 거야.

피의자의 세 번째 권리는 재판 과정에서 자신에게 불리한 진술을 하지 않아도 된다는 권리야.

우리나라 법에도 피의자를 체포할 경우에는 꼭 미란다 원칙을 알려 주어야 한다고 되어 있어. 이제 미란다 원칙이 무엇인지 알겠지?

32. 법도 여러 가지 종류가 있어

'법이 법이지 법에 무슨 종류가 있어?' 하는 생각이 들 거야. 법에 여러 종류가 있다는 것을 아는 사람들은 많지 않아. 그런데 법의 종류는 다양하고 그 다양한 법을 만드는 사람들도 저마다 달라. 우선 법의 종류부터 알아볼까? 총 다섯 가지야.

우리나라에서 최고의 법은 헌법

헌법은 다섯 가지 법 중에서 모든 법의 기준이 되는 최고의 법이야. 인간은 태어나면서부터 누구나 기본적인 권리를 가지고 태어나는데, 이를 '기본권'이라고 하지. 기본권에는 자유권, 평등권, 참정권, 청구권, 사회권이 있어. 이러한 기본권을 보장하기 위해서 만들어진 법이 헌법이야.

헌법 외에도 법률, 명령, 조례, 규칙이 있어. 그래서 총 다섯 가지의 법이 있는 거야.

법은 누가 만들까?

　최고의 법인 헌법은 누가 만들고 바꿀 수 있을까? 헌법은 최고의 법이기 때문에 당연히 가장 중요한 사람들이 만들어야 할 거야. 국가에서 가장 중요한 사람들은 누구일까? 대통령? 아니면 국회의원? 아니야, 국민이야. 나도 국민이고, 너희들도 국민이야. 헌법은 국민들이 만들고 국민들이 바꿀 수 있는 거야.

　그런데 헌법은 아주 구체적인 내용을 담은 법이 아니야. 그림으로 치면 스케치와 같아. 대략적인 중요한 밑그림이라고 할 수 있지. 예를

들면 헌법 2장 11조 1항에 보면 "모든 인간은 법 앞에 평등하다. 누구든지 성별, 종교 또는 사회적 신분에 의하여 정치적, 경제적, 사회적, 문화적 생활의 모든 영역에 있어서 차별을 받지 아니 한다"라는 평등권의 내용이 나와 있어. 하지만 이 평등권이 언제, 어디에서, 어떻게 실현되어야 하는지에 대한 구체적인 내용은 없어.

헌법을 구체화한 것이 법률

법률은 헌법을 아주 구체적으로 나타냈으니 내용이 많을까? 아니면 적을까? 당연히 많겠지. 그러니 모든 국민들에게 의견을 일일이 다 물을 수는 없을 거야. 그래서 국민의 대표자인 국회의원들이 모여 있는 국회에서 법률을 만들어.

명령은 뭘까?

헌법을 구체화한 법이 법률이라고 했지? 그 법률을 더 구체화한 것이 명령이야. 명령은 누가 만들까? 대통령이야. 간단하지?

조례와 규칙은 뭘까?

조례와 규칙은 국가 전체를 대상으로 만든 법이 아니라 지역 주민을 위해서 만든 법이야. 그렇기 때문에 만드는 주체도 지역에 있는 사람들이야. 조례는 지방 의회에서 만들고, 규칙은 지방 자치 단체장이 만들어. 조금 어렵니? 국가의 의회를 무엇이라고 하지? 국회라고 하지. 그러면 지방에 있는 의회를 무엇이라고 할까? 맞아, 지방 의회라고 하는 거야. 같은 원리로 국가의 대표자는 누구니? 대통령이지. 그러면 그 지방의 대표자는 누구지? 경기도의 대표자는 경기도지사이고, 인천시의 대표자는 인천시장이고, 김포군의 대표자는 김포군수야. 이렇게 그 지역의 대표자를 지방 자치 단체장이라고 하는 거야.

지금까지 배운 내용을 표로 한번 만들어 보자.
법의 종류와 제정·개정 주체(제정은 만들다, 개정은 바꾸다의 뜻이야), 내용을 잘 보렴.

법의 종류	재정·개정 주체	내용
헌법	국민	최고의 법으로 기본권 보장을 위해 제정
법률	국회	헌법을 구체화한 법
명령	대통령	법률을 시행하기 위해 제정
조례	지방 의회	지역 주민을 위해 제정
규칙	지방 자치 단체장	

헌법과 법률이 서로 충돌하면 어떤 법이 우선할까?
당연히 헌법이겠지. 이렇게 법은 우선 순위를 두는데 우선 순위에

서 앞서는 법을 상위법이라고 해.

　우선 순위는 헌법, 법률, 명령, 조례, 규칙 순으로 우선 순위가 정해져. 그러니까 헌법이 최고 상위법이겠지. 각 법들이 충돌할 경우에는 상위법을 우선하는데, 이를 '상위법 우선의 법칙'이라고 해. 예를 들면 헌법과 법률이 충돌하면 헌법을 우선하고, 법률과 명령이 충돌하면 법률을 우선하는 거야. 알겠지?

33. 인간의 기본권에는 어떤 것들이 있을까?

앞에서 우리는 법에 대해서 배웠어. 법은 다섯 가지 종류가 있고 그중에서 최고의 법은 헌법이라고 했지? 인간은 태어나면서부터 누구나 기본적인 권리를 가지고 태어나는데, 이를 '기본권'이라고 하며, 헌법은 이 기본권을 보호하고 있어.

우리는 무엇을 위해 살까? 돈? 아니면 명예? 권력? 난 이렇게 생각해. 돈도 이것을 위해서 필요한 거고, 권력과 명예도 이것을 위해서라고 생각해. 이것은 뭘까? 행복이야. 우리는 행복을 위해서 사는 거야. 인간의 기본적인 권리도 결국은 행복한 삶을 위해서 필요한 거라고 생각해. 그리고 행복하지 못하다면 존엄한 인간이라고 할 수 없을 거야. 그래서 우리가 배울 다섯 가지 기본권을 끌어안을 수 있는 내용이 '행복 추구권'과 '인간의 존엄성'이야.

자유권

첫 번째 기본권은 '자유권'이야. 다섯 가지 기본권 중에서 가장 오래된 기본권이야. 그럼 '자유'의 상대어에는 무엇이 있을까? 구속, 규제, 억압, 간섭 등이 있을 거야. 자유권의 구체적인 내용에는 신체의 자유, 종교의 자유, 재산권 행사의 자유, 직업 선택의 자유, 언론·출판·결사·집회의 자유 등이 있어. 모든 기본권은 근본적으로 무엇을 추구한다고 했니? 행복이라고 했지? 만약에 잘못도 없는데 감옥에 갇히면 행복할 수 있을까?(신체의 자유) 조선 말기에 천주교를 믿다가 처형당한 사람들이 많았어. 이렇게 자기가 원하는 종교가 억압되고 다른 종교를 강요한다면 행복할까?(종교의 자유) 우리는 자기가 가진 돈으로 햄버거도 사 먹고 피자도 사 먹잖아. 그런데 자신의 돈을 마음대로 쓸 수 없다면 행복할까?(재산권 행사의 자유) 이렇게 자유가 없다면 우리는 매우 불행할 거야. 그렇기 때문에 자유권은 인간의 기본적인 권리가 되는 거야.

평등권

두 번째 기본권으로 평등권이 있어. 그러면 '평등'의 상대어는 무엇일까? 불평등이라고 하려고 했지? '차별'이야. 평등권이란 인종이나 성별, 재산에 따라 차별받지 않을 권리를 말해. 미국은 예전에 흑인들을 노예로 만들고 심한 차별을 했어. 최근에도 보이지 않게 피부색이 다르다는 이유로, 여성이라는 이유로, 가난하다는 이유로 차별을 받기도 하잖아. 이런저런 이유로 차별을 받는 사람들은 행복할까? 당연히 불행하겠지. 그래서 평등권은 꼭 지켜져야 하는 인간의 기본적인 권리가 되는 거야.

참정권

세 번째는 참정권이 있어. '참(參)'은 참여하다. '정(政)'은 정치를 말해. 그러니 참정권은 정치에 참여할 수 있는 권리라는 말이지. 정치는 참 어려운 말이야. 간단히 말하면 "정치는 여러 가지 일들을 결정하여 국가를 운영하는 것"이야. 그런데 국가의 주인은 누구니? 대통령이니? 국회의원이니? 당연히 아니지. 국민이잖아. '국민이 주인'을 두 글자로 고쳐 봐. '민주(民主)'잖아. 그래서 국민이 주인이 되어서 이루어지는 정치를 민주 정치라고 하는 거야. 따라서 민주 정치는 국가의 여러 가지 일들을 국민이 주인이 되어 스스로 결정하는 것을 말해.

그러면 참정권이 없다는 말은 무슨 뜻일까? 간단하지. 정치에 참여할 수 없으니 국가의 주인이 아니라는 뜻이야. 과거에는 여성이나 노예들은 정치에 참여할 수 없었어. 그러니 자신들과 관계된 모든 일들을 결정할 때 자신들이 주인이 되어 결정하지 못하고 어쩔 수 없이 다른 사람들이 결정한 대로 따를 수밖에 없었을 거야. 그들이 행복했을까? 아니야. 그렇기 때문에 참정권은 꼭 지켜져야 할 인간의 기본적인 권리가 되는 거야.

사회권

네 번째 기본권은 사회권이야. 사회권은 자유권과 평등권, 참정권보다 나중에 만들어진 기본권이야. 자유권과 평등권이 확립되면서 사람들은 억압받지 않고 살 수 있게 되었고, 법 앞에 평등한 대우를 받을 수 있게 되었어.

이제 사람들은 정말 행복해졌겠다. 그렇지? 그런데 생각보다 사람들은 행복하지 못했어. 왜? 산업 혁명 이후 빈부 격차가 매우 커졌거든. 가난한 사람들은 더러운 환경에서 살게 되었고, 아파도 제대로 치료 받을 수도 없게 되었어. 게다가 제대로 된 일자리도 없었고 교육도 받을 수 없었지. 비록 자유와 법적인 평등은 얻었지만 인간다운 삶이라고 할 수도 없었어.

이러한 상황에서 등장한 기본권이 사회권이야. 사회권은 인간다운 삶을 실현하기 위해 등장한 거야. 깨끗한 환경에서 살고(환경권), 아프면 치료 받을 수 있고(보건권), 일자리를 얻어 일할 수 있고(근로권), 기본적인 교육을 받자(교육권)는 거지. 사회권은 인간다운 삶을 보장함으로써 행복한 삶을 만들기 위해서 만들어진 기본권이라고 생각하면 돼.

청구권

다섯 번째 기본권은 청구권이야. '청구권'을 한자로 풀이해 볼까? '청(請-청하다)', '구(求-청하다)', '청(請)'과 '구(求)'는 모두 '청하다'라는 뜻이네. '청하다'를 쉽게 말하면 '요구하다', 또는 '요청하다'라는 뜻이야. 그러니 청구권은 요구하는 권리겠네. 만약에 인간의 기본적인 권리인 자유권, 평등권, 참정권, 사회권 등이 국가로부터 침해당했거나 침해당할 가능성이 있으면 어떻게 하지? 기본권은 절대로 침해당하면 안 되잖아. 그러면 우리는 국가에 대해 기본적인 권리를 침해하지 말라고 요구해야겠지? 그래서 등장한 것이 청구권이야. 만약에 기본권이 침해당했는데도 이것을 고쳐 달라고 요구할 수 없다면 인간은 행복할까? 그렇지 않겠지. 그래서 청구권은 인간에게 꼭 필요한 기본권이 되는 거야.

자유권 : 국가 권력에 의해서 간섭(억압) 받지 않을 권리
평등권 : 인종, 성별, 직업 등에 의해서 차별받지 않을 권리
참정권 : 정치에 참여할 수 있는 권리
사회권 : 인간다운 삶을 보장 받기 위한 권리
청구권 : 기본권이 침해당했을 경우 이를 고쳐 달라고 요구할 수 있는 권리

34 대통령제와 의원 내각제

대통령제는 많이 들어 본 것 같은데 의원 내각제는 거의 못 들어 봤을 거야? 왜 그럴까? 간단해. 우리나라가 대통령제이기 때문이야.

대통령제와 의원 내각제를 딱 보니 어느 분야일 것 같니? 경제? 아니면 문화? 아니면 정치? 그래, 정치 분야야. 정치는 나라를 다스리는거잖아. 그러면 대통령제와 의원 내각제는 무슨 기준으로 나누는 걸까? 여러 가지가 있지만 간단히 말하면 나라를 다스리는 사람이 누구인지를 기준으로 나누는 거야.

정당, 행정부, 입법부

우선 정당, 행정부, 입법부라는 단어부터 정리해 보자. 정당이 뭔지는 알지? '정당(政黨)'은 '정치를 하는 무리(단체)'라는 뜻이야. 우리나라에는 새천년민주연합, 새누리당 등이 있어. 그러면 행정부와 입법부는 무엇일까? 행정부는 국가를 다스리는 기구라고 생각하면 돼. 그런데 모든 민주주의 나라는 법치(法-법, 治-다스리다) 국가야. 다시 말하면 국가를 다스릴 때 꼭 법으로 다스려야 한다는 뜻이야. 그러니 국가를 다스리는 행정부는 당연히 법으로 나라를 다스려야겠네. 그러면 법이 먼저 있어야겠지? 법은 어느 기구에서 만들어? 법을 만드는 곳을 입법부라고 해. 그리고 입법부의 대표적인 기구는 국회인데, 국회에 있는 사람들을 국회의원이라고 하는 거야. 먼저 입법부(국회)에서 법을 만들면 그 법을 가지고 행정부가 나라를 다스린다고 생각하면 돼.

대통령제와 의원 내각제에 대해서 자세히 살펴볼까?

'대통령제'에서 '대통령'은 행정부의 우두머리야. 행정부는 뭐 하는 곳이라고 했지? 그래 나라를 다스리는 기구지? 이렇게 대통령이 행정부의 우두머리가 되어 나라를 다스리는 정치 형태를 '대통령제'라고 하는 거야. 대통령제에서 행정부의 우두머리인 대통령은 선거를 통해서 뽑아. 중요하니 잘 알고 있도록!

행정부의 우두머리인 대통령이 나라를 다스리려면 법이 있어야 하지? 조금 전에 설명했잖아. 모든 민주주의 국가는 법으로 나라를 다스리는 법치 국가라고. 법을 만드는 기구가 입법부(국회)라고도 했지? 그럼 입법부(국회)의 국회의원은 어떻게 선출할까? 입법부의 구성원인 국회의원도 선거를 통해서 뽑아.

대통령제에서는 행정부의 대통령과 입법부의 국회의원을 따로따로 선거를 통해서 선출하는 거야. 이렇게 대통령제에서는 선거를 통해 뽑힌 국회의원(입법부)들이 법을 만들고, 선거를 통해 선출된 행정부의 대통령이 나라를 다스리는 거야.

표로 간단히 알아볼까?

행정부(대통령)	입법부(국회의원)
↑ (선거)	↑ (선거)
국민	국민

그런데 의원 내각제는 달라. 예를 들어 볼까? 어떤 나라에 국회의원이 100명이라고 하자. A정당은 선거에서 30명이 국회의원에 당선되고, B정당은 70명이 국회의원에 당선된 거야. 어느 정당의 국회의원이 많니? 당연히 B정당이지. 이럴 때 B정당을 다수당이라고 해. 그러면 B정당의 대표가 총리(수상)가 되어 행정부를 구성하는 거야.

그런데 행정부의 우두머리를 선거로 뽑았니? 아니지? 국회의 다수당(B정당)이 행정부를 구성했지? 이렇게 입법부(국회의원)만 선거로 뽑고 행정부는 국회의원을 가장 많이 차지한 정당이 구성하여 국가를 운영하는 정치 형태를 의원 내각제라고 하는 거야. 의원 내각제는 "(국회)의원이 내각(행정부)을 구성하다"라는 말이야.

의원 내각제도 간단한 표로 정리해 볼까?

행정부(총리)	← 입법부의 다수당 대표가 총리가 되어 행정부(내각)를 구성	입법부(국회)
		↑ (선거)
		국민

표를 바탕으로 의원 내각제를 설명하면, 국민의 선거로 국회의원을 선출하면 국회의원이 가장 많은 다수당의 대표가 총리가 되어 행정부를 구성하여 나라를 다스린다는 말이야.

대통령제 : 대통령이 행정부의 우두머리가 되어 나라를 다스리는 정치 형태

의원 내각제 : 국민의 선거로 국회의원을 선출하고 국회의원이 가장 많은 다수당의 대표가 총리가 되어 행정부를 구성하여 나라를 다스리는 정치 형태

35 민주주의의 상대어는?

민주의의의 상대어가 무엇일까? 많은 학생들이 이렇게 대답할 거야. "공산주의요." 그럼 나는 이렇게 말하지. "틀렸어." 이상하지? 맞는 것 같은데 말이야. 민주주의는 정치 개념이고 공산주의는 경제 개념이니 민주주의의 상대어는 공산주의가 아니야.

국민이 주인이다

'민주주의'의 '민주(民主)'는 국민이 주인이라는 말이야. 그럼 어떤 특정한 국민을 말하는 것일까? 아니면 모든 국민일까? 당연히 모든 국민이겠지. 개개인의 모든 국민이 나라의 주인이니 정치 또한 모든 국민이 하는 거겠지? 다시 말하면 민주주의는 모든 국민이 주인이 되어 정치에 참여한다는 뜻이야. 그러면 상대어는 무엇일까? 우선 '모든'에 밑줄 쫙 쳐. '모든'의 상대어는 '일부'야. 그러면 민주주의의 상대어는 일부 사람들이 정치에 참여하는 거겠네. 일부는 혼자일 수도 있고 소수일 수도 있지? '혼자'는 한문으로 무엇일까? '독(獨-홀로)'이야. '홀로'는 '혼자'라는 말이잖아. 그래서 민주주의의 상대어는 '독재주의'가 되는 거야.

　민주주의의 상대어는 또 있어. 민주주의는 개개인의 국민이 주인이잖아. 그러니 개인이 중요한 존재겠지. 그런데 개인보다는 전체를 강조하는 사상이 있어. 개인보다는 집단의 이익이 더 우선하기 때문

에 강력한 국가 권력이 개개인의 국민 생활을 간섭하고 통제하는 사상이야. 바로 '전체주의'야.

　이렇게 민주주의의 상대어는 독재주의와 전체주의가 되는 거야. 이제 다시는 민주주의의 상대어를 공산주의라고 하면 안 돼.

36 공정한 선거를 위한 출발, 게리맨더링

어려운 용어부터 정리해야 할 것 같아. 우선 선거와 선거구가 무엇인지부터 알아보자.

민주주의 정치에는 크게 직접 민주주의와 간접 민주주의가 있어. 직접 민주주의는 말 그대로 국민들이 국가의 중요한 일을 직접 결정한다는 뜻이야. 그런데 중국처럼 인구가 많고 영토가 넓으면 국민 모두가 한곳에 모여서 국가의 중요한 일을 결정하는 것이 쉬울까? 10억이 넘는 사람들이 한곳에 모여서 직접 결정할 수는 없을 거야. 그래서 어쩔 수 없이 자신의 의견을 대신하여 국가의 중요한 일을 결정할 대표자를 선출할 수밖에 없어. 그 대표자를 선출하여 이루어지는 민주주의 정치를 간접 민주주의라고 해. 그리고 간접 민주주의에서 대표자를 선출하는 것을 선거라고 하는 거야.

선거구는 무슨 말일까?

대표자를 뽑을 때 그럼 몇 명을 대표하는 1명을 뽑을까? 애매하지? 모든 나라는 행정 구역이 있는데 주소를 생각하면 돼. 나는 지금 인천 강화군 선원면에 살고 있어. 행정 구역에는 큰 행정 구역인 경기도, 서울특별시, 인천광역시 등이 있고, 그보다 작은 행정 구역은 경기도 김포시, 서울특별시 종로구, 인천광역시 서구, 인천 강화군 등이 있어. 서울은 인구가 1,000만 명인데 그중에서 1명의 대표자를 뽑고, 인천 강화군은 인구가 5만 명인데 1명의 대표자를 뽑으면 될까? 당연히 안 되겠지? 공평하지 않잖아. 적당한 인구수에 비례해 1명의 대표자를 뽑아야겠지? 그래서 만든 것이 선거구야. '선거구'의 '구(區)'는 '구역'이라는 뜻이야.

우리나라는 몇 명 정도에서 1명의 대표자를 선출할까?

우리나라는 대략 10만~30만 명 중에서 1명의 대표자를 선출해. 그러니까 10만~30만 명이 되는 행정 구역이 하나의 선거구가 되고 그곳에서 1명의 대표자를 선출하는 거야. 그런데 여기에 문제가 하나 발생해. 어느 행정 구역은 10만 명이 안 될 수도 있어. 그러면 하나의 선거구가 될 수 없잖아. 최소한 10만 명은 되어야 하나의 선거구가 되니까 말이야. 그럼 어쩌지?

인천 강화군을 기준으로 가상적으로 예를 들어 보자. 인천 강화군의 인구가 5만 명이야. 바로 옆 행정 구역인 경기도 김포시는 9만 명이야. 또 바로 옆 행정 구역인 인천 검단은 인구가 7만 명이야. 그러면 강화, 김포, 검단 모두 10만 명이 안 되니까 어느 곳도 하나의 선거구가 될 수 없지? 그러면 어떻게 할까? 간단하게 두 개 지역을 묶으면 돼. 강화와 김포를 묶으면 14만 명으로 10만이 넘고, 강화와 검단을 묶어도 12만 명으로 10만 명이 넘잖아.

또 다른 예를 들어 보자. A와 B의 후보가 국회의원 선거에 나왔어. 그런데 A후보는 강화가 고향이고 커서는 검단에서 활동을 많이 했어. B후보는 김포에서 태어나서 김포에서 많은 활동을 한 후보야. 그런데 강화와 검단, 김포가 모두 인구가 10만 명이 안 되서 어쩔 수 없이 옆에 있는 지역과 선거구를 묶어야 해. 강화와 검단을 하나로 묶으면 A후보는 태어난 곳이 강화이고 활동한 곳이 검단이기 때문에 유리하지만 B후보는 강화와 검단 어느 곳에서도 활동을 하지 않았기 때문에 당연히 불리하겠지? 그런데 강화와 김포를 하나로 묶으면 김포에서 태어나서 활동을 많이 한 B후보가 유리하겠지? 이렇게 어떻게 선거구를 정하느냐에 따라서 특정 후보나 정당에게 유리할 수도 있고 불리할 수도 있어.

1812년 미국 매사추세츠 주의 주지사였던 엘브리지 게리(Elbridge Gerry)라는 사람이 있었어. 게리는 자신이 소속된 정당의 의원에게 유리하도록 선거구를 정했어. 그러다 보니 그 모습이 마치 그리스의 신화에 나오는 샐러맨더(불 속에서 산다는 전설의 불도마뱀)와 비슷하게 생긴 거야. 그래서 다른 정당들이 이를 비꼬아서 게리가 만든 괴물이라는 의미로 '게리맨더링'이라고 이름을 붙였어.

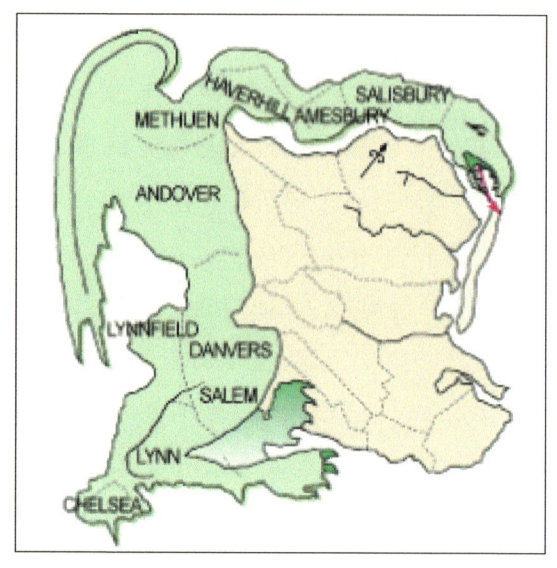

　그래서 선거구는 특정 정당이나 특정 후보에게 유리하게 마음대로 바꿀 수 없도록 해야 할 필요가 있어. 어떻게 하면 선거구를 자신들에게 유리하도록 정하는 게리맨더링을 막을 수 있을까? 우리나라는 법치 국가잖아. 선거구를 법률로 정하면 마음대로 바꿀 수 없겠지. 법률은 쉽게 바꿀 수 없거든. 이를 '선거구 법정주의'라고 하는 거야. 풀이하면 '선거구는 법률로 정한다'라는 뜻이야.

　자, 주관식 문제 하나 낼게. 게리맨더링을 방지하여 공정한 선거가 이루어지게 하기 위한 제도를 무엇이라고 할까? 정답은 '선거구 법정주의'야.

선거구 : 해당 지역의 대표를 선출하기 위해서 정해 놓은 구역을 말함

선거구 법정주의 : 게리맨더링을 방지하기 위해서 선거구를 법률로 정하는 제도

37 형사 재판과 민사 재판

법률 용어를 알기 위해서는 우선 재판에 대해서 알고 있어야 해. 재판은 소송에 의해서 시작돼. 소송이라는 말도 어렵나? 소송은 사법 기관(법원)에 법률을 바탕으로 해서 "잘잘못을 판단해 주세요."라고 요구하는 것을 말해. 예를 들면 민수가 정재에게 1,000만 원을 빌려줬는데 정재가 안 갚는 거야. 그래서 민수는 법원에다가 "정재가 저에게 빌려간 돈을 안 갚으니 법원에서 잘잘못을 따져서 1,000만 원을 받게 해 주세요."라고 요구를 하게 되는데, 이를 소송이라고 하는 거야. 그러면 재판이 시작돼. 소송을 해야 재판이 이루어지는 거야.

민사 재판이 뭐지?

정재는 2013년 2월에 민수에게 10일 정도만 사용하고 꼭 갚겠다고 하고 1,000만 원을 빌렸어. 그런데 1년이 지난 2014년 2월까지 돈이 없다는 이유로 돈을 갚지 않았어. 정재는 돈은 갚지 않으면서도 외제차를 사고 아파트를 사는 등 호화로운 생활을 하고 있었지. 민수는 정재가 돈이 없어서 갚지 않는 것이 아니라 일부러 안 갚는 것으로 생각하고 "정재가 저에게 돈을 갚지 않으니 법원에서 잘잘못을 따져서 1,000만 원을 갚게 해 주세요."라고 법원에 소송을 했어.

위 내용을 보면 돈을 빌려주고 받지 못한 민수와 정재 사이에 분쟁이 발생하여 민수가 소송을 했고 둘 사이에 재판이 이루어지게 되었지? 이렇게 개인과 개인 사이에 분쟁이 생겼을 때 분쟁을 해결하기 위해서 하는 재판을 민사 재판이라고 하는 거야. 민사 재판에서 중요한 말은 '개인과 개인'이니까 밑줄 쫙 쳐야 돼.

그러면 누가 소송을 했지? 그래, 당연히 돈을 받지 못한 민수가 소송을 했겠지. 이렇게 소송을 한 사람을 '원고'라고 해. 여기서는 민수가 소송을 했으니 민수가 '원고'가 되겠네. 그러면 정재는 소송을 당했지? 이렇게 소송을 당한 사람을 '피고'라고 하는 거야. 그런데 민수나 정재나 둘 다 법에 대해서는 잘 아니, 모르니? 잘 모르겠지. 그러면 법을 잘 아는 사람에게 도움을 요청해야 할 거야. 이렇게 재판 과정에서 법에 대한 전문적인 지식을 가지고 있는 사람이 원고나 피고를 도와주게 되는데 이런 사람을 '변호사'라고 하는 거야. 그래서 민사 재판은 원고를 도와주는 변호사와 피고를 도와주는 변호사 간의 싸움이라고 생각하면 돼.

형사 재판이 뭐지?

2014년 2월 경제적으로 어려움을 겪고 있던 민규는 이웃집에 몰래 들어가 귀금속과 현금 100만 원을 훔쳤어. 이를 조사하던 경찰은 범인의 흔적을 발견하던 중 민규의 지문을 발견했어. 경찰은 민규가 범인이라고 판단하고 민규를 구속했지.

위 내용을 보면 민규는 남의 물건을 훔쳤어. 이를 법률 용어로 절도라고 해. 절도는 국가에서 정해 놓은 범죄의 한 종류야. 범죄에는 여러 종류가 있어. 간단한 것만 말해 볼까? 남의 물건을 훔치는 범죄는 '절도', 남의 물건을 빼앗는 범죄는 '강도', 사람을 죽이는 범죄는? '살인', 남을 다치게 하는 범죄는 '상해'야. 많이 들어 본 말들이지?

형사 재판은 민사 재판과는 다르게 개인과 개인 사이의 분쟁을 해결하는 재판이 아니라 국가에서 정해 놓은 범죄를 어긴 사람을 국가가 직접 소송을 요구하여 이루어지는 재판이야. 민사 재판이 개인과 개인이 싸우는 재판이라면 형사 재판은 국가와 개인이 싸우는 재판이라고 생각하면 돼.

그러면 국가도 법에 대한 전문적인 지식을 가진 사람의 도움을 받아야겠지? 그래서 국가는 법에 대한 전문적인 지식을 가진 사람들을 국가에 소속시켜서 도움을 받게 되는데, 이들을 '검사'라고 하는 거야.

그러면 검사가 민규를 처벌해 달라고 법원에 소송을 하겠지? 소송을 요구한 사람을 뭐라고 했지? 원고. 그래서 형사 재판에서는 검사가 원고가 되는 거야. 그럼 소송을 당한 사람은 누구지? 민규지? 민규는 피고야. 그러면 범죄를 저지른 것으로 의심되는 민규가 피고가 되겠네. 검사는 법에 대한 전문적인 지식을 갖고 있지만 민규는 그렇지 않잖아. 그러면 민규는 어떻게 하지? 변호사의 도움을 받아야겠지? 이렇게 민사 재판이 변호사와 변호사의 싸움이라면 형사 재판은 검사와 변호사의 싸움이라고 생각하면 돼.

	의미	원고 (소송을 요구한 사람)	피고 (소송을 당한 사람)
민사 재판	개인과 개인 사이의 분쟁을 해결하기 위한 재판	돈을 빌려준 민수	돈을 빌린 정재
		변호사의 도움	변호사의 도움
형사 재판	국가가 정해 놓은 범죄 문제를 다루는 재판	검사 (국가를 대신해서 소송을 요구)	범죄를 저지른 것으로 의심되는 민규
			변호사의 도움

38 국민의 의견을 듣는 국민 참여 재판

　바로 앞에서 재판과 관계되는 여러 가지 용어에 대해서 알아봤어. 민사 재판과 형사 재판, 피고와 원고, 검사와 변호사. 만약 기억이 가물가물하면 다시 꼭 읽어 보길 바라. 이번에 배울 내용도 재판과 관계된 내용이야. 국민 참여 재판에 대해서 배우려고 하는데, 생각보다 쉬워. 용어를 보니까 딱 감이 오지? 국민들이 참여해서 이루어지는 재판이지, 뭐. 너무 간단한가? 혹시 외국 영화 보다가 재판 과정에서 검사나 변호사가 배심원(재판에 참여하는 일반 국민) 앞에서 피고의 유죄와 무죄를 주장하거나, 배심원이 모여서 유죄인지 무죄인지를 논의하는 장면을 본 적이 있는지 모르겠네. 그 장면을 머릿속에 떠올리며 이제 본격적으로 국민 참여 재판에 대해서 자세히 알아보자.

국민 참여 재판에 참여하는 배심원의 자격은?

우선 배심원이 무엇인지 알아야겠다. 배심원은 재판에 참여하는 일반 국민을 말해. 자격은 따로 없어. 경찰, 변호사, 검사 등의 직업을 제외한 만 19세 이상의 대한민국 국민이면 누구나 배심원이 될 수 있어. 하지만 내가 배심원이 되고 싶다고 해서 다 되는 것이 아니고 법원에서 무작위로(특별하게 정하지 않고) 선정하고 배심원으로 선정되었다고 알려 줘. 이때 특별한 사정 없이 배심원으로 참석하지 않으면 벌금을 내기도 해.

국민 참여 재판을 도입하게 된 이유는?

재판을 진행하고 유죄와 무죄의 판결을 내리는 사람은 판사야. 판사는 법에 대해 전문적인 지식을 가지고 판결을 내리기는 하지만 판사도 인간이야. 그렇기 때문에 법을 해석하는 과정에서 판사 개인의 주관적인 생각이 개입될 수 있어. 그러다 보니 일반 국민의 생각과는 다른 판결이 나오는 경우가 있어. 이러한 문제를 해결하기 위해 여러 국민들을 재판에 참여시켜서 의견을 들어 본 후에 판결을 내리도록 하는 것이 국민 참여 재판이야.

우리나라에서는 국민 참여 재판을 2008년부터 시행하고 있어. 판사 혼자의 생각보다는 여러 사람의 생각이 더 정확할 수 있잖아. 우리나라의 국민 참여 재판은 민사 재판에서는 시행하지 않고 형사 재판에서만 시행하고 있어.

배심원이 하는 일은?

형사 재판에서 범죄를 저지른 사람으로 의심되는 사람을 피고라고 했지? 그리고 피고를 도와주는 법률 전문가를 변호사라고 했고, 국가를 도와주는 사람을 검사라고 했어.

배심원은 판사와 똑같이 검사와 변호사, 피고, 증인들의 이야기를 듣고 죄가 있는지 없는지, 죄가 있다면 얼마만큼의 죄가 있는지 결정해. 그러면 판사는 배심원의 의견을 듣고 그것을 토대로 해서 판결을 내리는 거야.

판사가 판결을 내릴 때 배심원의 의견을 듣고 그것을 참고하여 판결을 내리기는 하지만 꼭 배심원의 결정을 따를 필요는 없어.

미국에도 배심원 제도가 있을까?

미국의 배심원 제도는 우리나라와는 조금 달라. 첫 번째로 미국은 형사 재판뿐만 아니라 민사 재판에서도 배심원 제도를 시행하고 있어. 두 번째로 미국은 배심원의 결정이 구속력을 갖고 있어. 다시 말하면 판사가 배심원의 결정을 무시하고 마음대로 판결할 수 없다는 말이야.

39 선거의 네 가지 원칙

선거에서 꼭 지켜야 할 원칙 네 가지가 있어. 아마 너희들이 초등학생 때부터 많이 배운 내용일 거야. 그런데 아직도 헷갈려 하는 사람들이 많은 거 같아. 하나하나 알아보자.

첫 번째 선거 원칙은 보통 선거야

대개 보통 선거와 평등 선거를 많이 헷갈려 해. 예를 들어 보자. 고대 그리스 시대에는 직접 민주주의가 이루어지면서 모든 시민이 정치에 참여할 수 있었어. 그러나 모든 국민이 시민이 될 수 있었던 것은 아니야. 오른쪽 그림을 봐. 그리스 국민 중에서

여성, 노예, 외국인은 시민이 될 수 없었어. 시민이 될 수 없으니 정치에도 참여할 수 없었어. 다른 말로 하면 여성, 노예, 외국인은 정치 참여에 제한을 받고 있었던 거야. 다시 말해 누구나 정치에 참여할 수 있다고 볼 수 없지? '누구나'에 밑 줄 쫙 쳐 봐. 보통 선거는 누구나 정치에 참여할 수 있다는 선거 원칙이야. 그런데 그리스는 누구나 정치에 참여할 수 없잖아. 왜냐하면 여성, 노예, 외국인은 정치 참여가 제한되었잖아. 그래서 고대 그리스는 보통 선거 원칙을 지키고 있지 못한 거야.

그럼 보통 선거의 상대어는 무엇일까? 그래, '제한 선거'야. 너희들은 대부분 모든 사람이 평등하게 정치에 참여할 수 없다고 생각해서 평등 선거 원칙을 지키지 않았다고 여길 수 있지. 하지만 그건 잘못된 생각이야. 다음에 배우는 평등 선거를 알고 나면 제대로 구분할 수 있을 거야.

두 번째 선거 원칙은 평등 선거야

먼저 평등 선거의 상대어부터 알아보자. 평등 선거의 상대어는 '차등 선거'야. 평등 선거와 차등 선거의 구분은 수량(수의 양)이야. 예를 들면 A에게 1표를, B에게도 1표를 부여했다면 수량이 같으니 평등한 거지? 그런데 A에게 1표를, B에게는 2표를 주었다면 평등한 것이 아니고 차등을 둔 거지? 이렇게 평등 선거는 재산, 학력, 신분 등에 따라 차등을 두지 않고 똑같은 양의 투표권을 부여하는 원칙을 말해.

남자는 1표, 여자는 2표를 주거나, 기독교인은 1표, 불교인은 2표를 주는 것은 평등 선거의 원칙을 지키지 않는 거야.

이렇게 '누구나' 참여했는지 혹은 그러지 못했는지를 기준으로 보통 선거와 제한 선거로 나누는 것이고, 표의 양이 같냐, 같지 않으냐를 기준으로 평등 선거와 차등 선거로 나누는 거야. 이렇게 보통 선거는 참여하는 사람이 중요하고, 평등 선거는 참여하는 사람의 투표권의 수가 동등하냐가 중요한 거야. 이제 보통 선거와 평등 선거를 구분할 수 있겠지?

세 번째 선거 원칙은 비밀 선거야

'비밀'의 상대어가 뭐지? '공개'야. 그래서 비밀 선거의 상대어는 '공개 선거'야. 우리 학생들이 학급 회의를 하다가 거수(손을 들어서)로 투표하는 경우가 있잖아. 이럴 때는 누가 반대를 했고 누가 찬성을 했는지 알 수 있지? 그래서 거수는 비밀 선거가 아니라 공개 선거가 되는 거야. 그리고 혹시 이런 뉴스를 봤니? "처음으로 투표권을 얻은 A가 인증샷으로 자신이 투표한 후보의 투표 용지를 사진으로 찍어서 인터넷에 올렸습니다". 이렇게 어느 후보에게 투표를 했는지 인증샷으로 찍어서 인터넷에 올리면 누구에게 투표를 했는지 비밀이 지켜졌니? 아니면 공개되었니? 그래, 공개되었잖아. 이러한 행위도 비밀 선거 원칙을 지키지 않은 거야.

네 번째 선거 원칙은 직접 선거야

'직접'의 상대어는? 아마 '간접'이라고 말하는 학생들이 많을 텐데 선거에서는 '직접'의 상대어는 '대리'야. 그래서 직접 선거의 상대어는 '대리 선거'야. 대리 운전이라고 들어 봤지? 대리 운전은 차주인이 직접 운전하는 게 아니라 다른 사람이 대신 운전을 해 주는 거잖아. 그런 것처럼 대리 선거도 내가 직접 투표를 하지 않고 다른 사람이 대신 투표를 하는 것을 말해.

우리는 선거 원칙 네 가지를 배웠어. 무엇이 있지? 보통 선거, 평등 선거, 비밀 선거, 직접 선거야. 각각의 상대어는 제한 선거, 차등 선거, 공개 선거, 대리 선거야. 이제 선거 4원칙은 헷갈리지 않겠지?

보통 선거 : 일정 연령 이상이 되면 누구나 정치에 참여할 수 있는 선거 원칙
평등 선거 : 투표에 참여하는 사람에게 투표권의 수를 동등하게 부여하는 선거 원칙
비밀 선거 : 자신이 투표한 결과가 공개되지 말아야 한다는 선거 원칙
직접선거 : 투표에 참여하는 사람이 직접 투표에 참여해야 한다는 선거 원칙

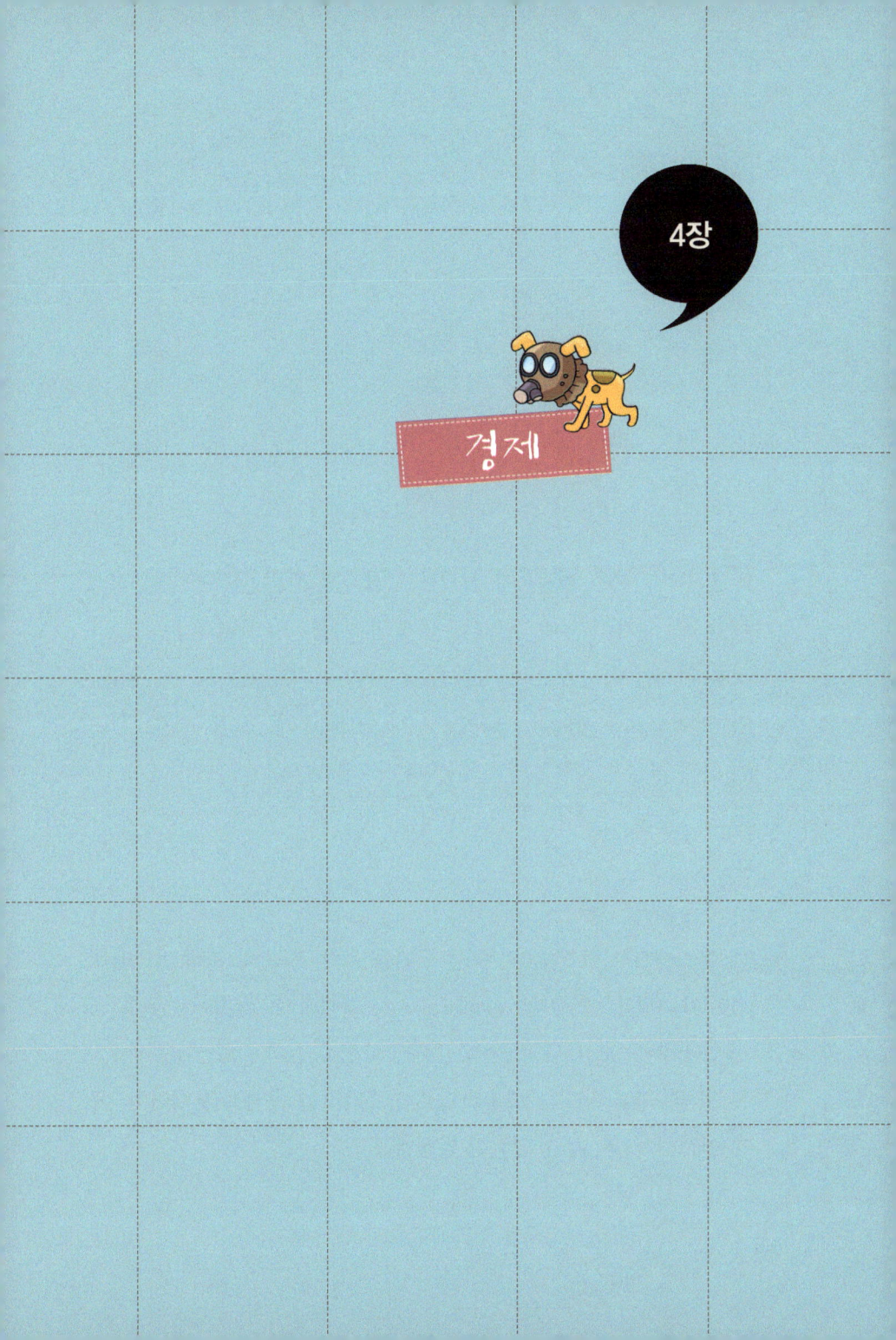

40 인플레이션은 왜 올까?

인플레이션을 설명하기 위해서는 '물가(物價)'라는 용어부터 정리해야 해. '물가'가 무슨 뜻일까? 쉽게 말해 '물건의 가격'인데, 하나의 상품 가격이 아니라 여러 상품을 종합적이고 평균적으로 본 가격이야. 아이스크림 하나의 가격이 아니라 아이스크림, 노트, 배추, 컴퓨터 등의 가격을 종합적으로 평균 낸 가격을 말해.

인플레이션의 뜻을 알아볼까?

뉴스에서 이런 말을 자주 들어 봤을 거야. "~으로 인해 인플레이션이 우려된다." 인플레이션(inflation)은 '가격이 오르다'라는 뜻을 가진 인플레이션(inflation)라는 동사에서 파생한 명사야. 즉, 인플레이션은 물가(물건의 가격)가 지속적으로 상승한다는 경제학 용어이지. 이제 인플레이션이 무슨 말인지 알겠지?

인플레이션은 왜 올까?

가격 상승에는 여러 이유가 있겠지만 크게 두 부분으로 나눌 수 있어.

첫째는 물건을 사려는 사람이 팔려는 사람보다 많을 때야. 아이스크림으로 예를 들어 볼까? 여름이 왔어. 태양은 뜨겁고, 에어컨은

고장 나고. 그러면 아이스크림을 사려는 사람은 엄청 많아지겠지? 그런데 작년에 아이스크림 회사 3곳 중에 2곳이 망했네. 그러면 가격은 어떻게 될까? 당연히 오를 수밖에 없겠지?

두 번째는 비용이 상승한 경우인데, 또 아이스크림으로 예를 들어 볼까? 아이스크림을 만들기 위해서는 원료도 있어야 하고, 기계도 있어야 하고, 일을 할 노동자도 필요하겠지? 그런데 아이스크림의 원료 가격이 오른 거야. 게다가 기계를 돌리기 위한 석유 가격도 오르고, 노동자들의 임금도 오른 거야. 그러면 어떻게 될까? 아이스크림의 가격을 내려야 할까 아니면 올려야 할까? 당연히 올려야겠지.

정리하면 물건을 사려는 사람보다 팔려는 사람이 많거나 물건을 만들기 위한 비용이 인상되면 물건의 가격이 오르는 인플레이션이 발생하는 거야.

물가(物價) : 여러 상품을 종합적이고 평균적으로 본 가격
인플레이션 : 물가가 지속적으로 상승한다는 경제학 용어
인플레이션의 원인 : 수요의 증가나 비용의 상승 등으로 발생

41 생활 수준을 알 수 있는 국내 총생산

중국과 우리나라 중에 어느 나라가 더 잘살까? 어느 나라가 더 잘 사는지에 대해서 객관적으로 알기 위해서는 국내 총생산에 대해서 알아야 해. 국내 총생산은 영어로 Gross Domestic Product야. 줄여서 GDP라고 해. 국내 총생산은 '한 나라 안에서 일정 기간 동안에 새롭게 생산한 재화와 서비스의 가치를 합산한 것'이야. 재화와 서비스는 무엇인지 아니? 재화는 눈에 보이는 상품이라고 생각하면 돼. 컴퓨터, 휴대 전화, 라면, 계란 등. 반면 서비스는 눈에 보이지 않는 상품이야. 예를 들면 학원의 수업, 의사의 진료, 미용사의 커트 등. 이제 재화와 서비스에 대해서는 알았으니 본격적으로 들어가 보자.

국내 총생산이 뭘까?

'한 나라 안에서 일정 기간 동안에 새롭게 생산한 재화와 서비스의 가치를 합산한 것'에서 '한 나라 안에서'에 밑줄 쫙, '일정 기간'에 밑줄 쫙, '합산한 것'에도 밑줄 쫙. 세 부분의 밑줄 중에서 무엇이 가장 중요할까? '한 나라 안에서'가 가장 중요해. '한 나라 안에서'는 국내 총생산의 '국내'를 말하는 건데, 여기서는 누가 생산한 것은 중요하지 않아. 외국인이건 우리나라 사람이건 국내에서 생산된 것은 모두 국내 총생산에 들어가는 거야. '일정 기간'에서 기간은 1년을 말해. '합산한 것'은 국내 총생산의 '총'을 말하는 건데, '모든 것'이라고 생각하면 돼.

더 자세히 정의를 내려 볼까? 국내 총생산은 '외국인이건 우리나라 사람이건 국내에서 1년 동안 생산된 모든 재화와 서비스를 합산한 것'이라는 뜻이야. 예를 들어 볼까? 외국인 존슨이 국내 기업인 삼성전자에서 일하고 받은 연봉 5천만 원은 국내 총생산에 포함될까? 존슨은 외국인이지만 어디에서 일했니? 국내에서 일했지? 그러니까 존슨의 연봉 5천만 원은 국내 총생산에 들어가는 거야.

다른 예를 들어 볼까? 철수가 미국 LA의 피자 가게에서 피자를 배달하고 받은 연봉 3천만 원은 국내 총생산에 들어갈까? 정답은 '들어가지 않는다'야. 비록 철수는 우리나라 사람이지만 어디에서 일했니? 미국 LA에서 일했잖아. 그래서 국내 총생산에 들어가지 않는 거야. 이렇게 국내 총생산은 영토를 기준으로 한다는 것을 꼭 기억하도록!

문제 하나 내 볼까? 아래 지문에서 국내 총생산을 모두 찾아 더해 봐.

① 민수가 서울 A회사에 다니고 1년간 받은 연봉 5천만 원
② 영희가 부산 자갈치 시장에서 판매하고 번 꼼장어 1년 수입 7천만 원
③ 재학이가 프랑스 파리 B호텔에서 주방장으로 일하고 받은 1년 연봉 1억 2천만 원
④ 일본 하시모토가 동대문시장에서 라면 가게를 운영하여 벌어들인 1년 수익 6천만 원

국내 총생산은 얼마지? 다른 것은 생각할 필요 없지? 국내인지 외국인지가 중요하잖아. 그럼 여기에다 밑줄 치면 될 것 같아. ①에서는 서울, ②에서는 부산, ③에서는 프랑스 파리, ④에서는 동대문시장. 그럼 ①, ②, ④가 국내잖아. ①, ②, ④를 다 더하면 얼마지? 그래, 1억 8천만 원이네. 그래서 국내 총생산은 1억 8천만 원인 거야.

중국과 우리나라 중에 어느 나라가 더 잘살까?

우선 국내 총생산부터 생각해 보자. 중국과 우리나라 중에 어느 나라가 국내 총생산이 더 많을까? 우리나라의 인구는 5천만이고 중국의 인구는 14억이야. 무려 우리나라의 28배가 돼. 당연히 중국의 국내 총생산이 더 많을 거야. 그러면 중국의 국내 총생산이 우리나라보다 많으니 중국 사람들이 우리나라보다 더 잘살겠네. 하지만 그렇지 않아. 우리나라가 더 잘살아. 왜냐하면 국민들의 생활 수준은 1인당 국내 총생산을 기준으로 하거든. 표로 예를 들어 볼까?

	국내 총생산	인구	1인당 국내 총생산	생활 수준
A국가	1,000억	1,000명	1억	낮다
B국가	100억	10명	10억	높다

A나라는 국민 총생산이 1천 억이야 그런데 인구가 1천 명이래. 그러면 1명당 국내 총생산은 얼마지? 그래 1억이지. B나라는 국내 총

생산이 100억이야. 그런데 인구가 10명이야. 그러면 1명당 국내 총생산은 얼마지? 그래, 10억이야. A나라는 1명이 1억을 벌었지만 B나라는 1명당 10억을 버는 거야. 그러면 어느 나라 사람이 더 잘사는 거니? 당연히 B나라의 국민이 더 잘사는 거지. 이렇게 중국은 비록 국내 총생산은 우리나라보다 많지만 인구가 너무 많아서 1인당 국내 총생산은 우리나라보다 적어. 그래서 우리나라 국민이 중국의 국민보다 더 잘사는 거야.

정리해 보면 국내 총생산은 사람은 중요하지 않고 국내에서 생산된 모든 재화와 서비스의 총합을 말하며, 그 나라 국민의 생활 수준의 높고 낮음은 1인당 국내 총생산으로 알 수 있는 거야. 이제 어느 정도 이해할 수 있겠지?

국내 총생산(GDP) : 한 나라 안에서 일정 기간 동안에 새롭게 생산한 재화와 서비스의 가치를 합산한 것

1인당 국내 총생산 : 한 나라 국민의 생활 수준의 높고 낮음을 알 수 있는 지표

42 애덤 스미스의 보이지 않는 손

 애덤 스미스는 경제학자인데, 그의 책 『국부론』에 쓴 '보이지 않는 손'이라는 말로 유명해. 애덤 스미스가 말한 '보이지 않는 손'이란 '시장은 보이지 않는 손에 의해 저절로 움직인다.'라는 말이야.
 우선 단어 정리부터 해 볼까? 재화와 서비스라는 말에 대해서는 배웠지? 재화나 서비스나 모두 상품이야. 재화는 컴퓨터, 책상, 옷, 연필 등 눈에 보이는 상품이고, 서비스는 눈에 보이지 않는 상품이야. 예를 들면 학원에서 선생님의 수업, 병원에서 의사 선생님의 진료 행위 등을 말해.
 그럼 '시장'은 무엇일까? 경제에서 말하는 시장은 우리가 흔히 말하는 수산 시장, 청과 시장 등과 같은 시장보다는 큰 개념이야. 시장이란 재화나 서비스의 거래가 이루어지는 장소를 말하지. 생선이 거래되는 상점도 시장이고, 이것저것 여러 가지가 거래되는 편의점도 시장이고, 학원도 시장이야. 학원은 보이지 않는 상품인 교육 서비스를 판매하고 학생들은 그 교육 서비스를 구매하잖아. 그러니까 학원도 서비스가 거래되기 때문에 시장이 되는 거야. 경제에서 시장은 상품이나 서비스가 거래되는 시장이라는 것을 꼭 기억하도록!

보이지 않는 손

내가 고등어가 너무 먹고 싶어서 고등어를 사러 갔어. 그런데 고

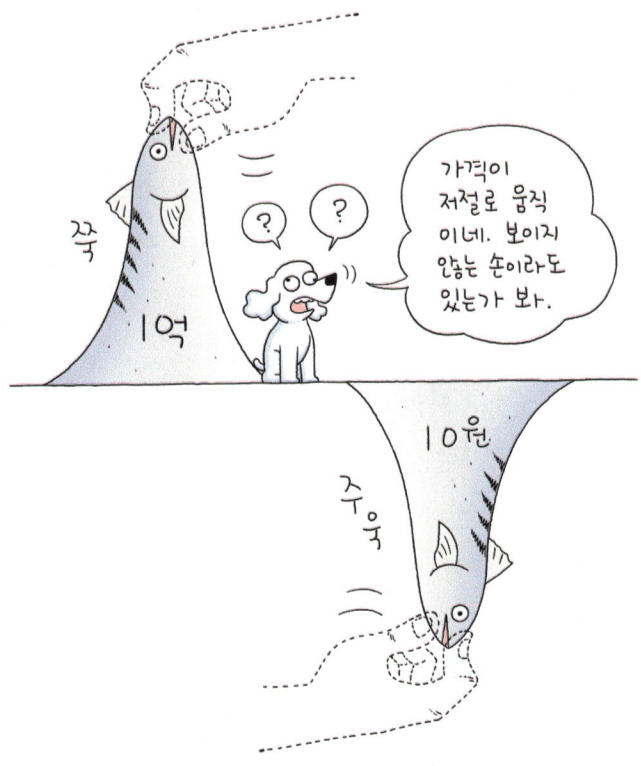

등어 가격이 한 마리에 1억이야. 그러면 고등어를 사려는 사람은 많을까, 적을까? 당연히 적겠지. 물건을 구매하려는 욕구를 우리는 어려운 말로 '수요'라고 해. 다시 말하면 고등어 가격이 1억이면 고등어에 대한 수요(구매하려는 욕구)는 줄어드는 거야. 1억짜리 집을 팔아서 고등어 한 마리 먹고 밖에서 잘 수는 없잖아.

반대로 고등어가 1억이면 고등어를 팔려는 사람은 늘어날까? 아니면 줄어들까? 고등어 가격이 1억이면 아마 나라도 배를 사서 고등어 잡으러 나갈 것 같아. 고등어 100마리 잡으면 100억이잖아. 그렇기 때문에 고등어를 팔려는 사람은 당연히 늘어나겠지. 이렇게 물건을 판매하려는 욕구를 '공급'이라고 해. 다시 말하면 고등어 가격이 1억이면 공급은 늘어나겠지.

자, 이제 종합해 보자. 고등어 가격이 1억이면 고등어를 구매하려는 수요는 줄어드나 고등어를 판매하려는 공급은 늘어나. 그럼 사려는 사람은 없는데 팔려는 사람이 많으면 가격은 어떻게 될까? 가격이 내려갈까? 아니면 올라갈까? 당연히 내려가겠지?

반대로 고등어 가격이 1억에서 1원으로 내려갔다고 생각해 보자. 고등어 가격이 1원이면 구매하려는 수요는 증가할까? 아니면 줄어들까? 당연히 늘어나겠지. 아마 어머니들은 너무 좋을 거야. 10원만 있어도 고등어 10마리를 살 수 있고 밥상에는 매일 고등어 요리로 가득할 거야. 그러면 판매하려는 공급은 늘어날까, 줄어들까? 당연히 줄어들겠지. 내가 바다에 나가서 열심히 일해서 고등어 1만 마리를 잡아왔어. 얼마니? 기껏 1만 원밖에 안 되잖아. 이제 누가 바다에서 고등어를 잡아 오겠니? 따라서 고등어 가격이 1억에서 1원으로 내려가면 구매하려는 수요는 늘어나고 판매하려는 공급은 줄어드는 거야. 그러면 고등어를 팔려는 사람은 없는데 살려는 사람만 많으면 고등어 가격은 어떻게 될까? 그래, 고등어 가격은 다시 오를 거야.

정리해 보자. 고등어 가격이 1억으로 오르면 구매하려는 수요는 줄어들고 판매하려는 공급은 늘어나서 고등어 가격이 다시 내려가고, 고등어 가격이 1원으로 내려가면 구매하려는 수요는 늘어나고 판매하려는 공급은 줄어들어서 고등어 가격은 다시 오르는 거야.

표로 정리해 볼까?

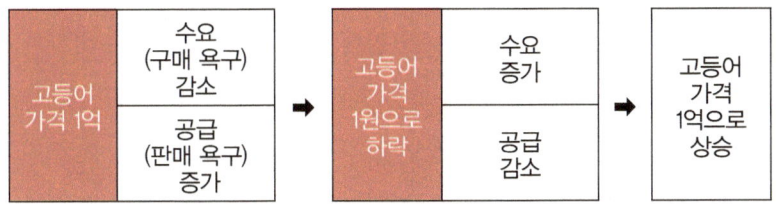

이렇게 가격에 의해서 수요와 공급은 저절로 움직이게 돼. '저절로'에 밑줄 쫙 쳐 봐. 중요한 말은 '저절로'야. 그러면 무엇에 의해서 수요와 공급이 저절로 움직이니? 앞 문장에 있잖아. 그래, 가격이야. 가격이 오르느냐 내리느냐에 의해서 수요와 공급은 저절로 움직이는 거야. 애덤 스미스는 이 시장 가격을 '보이지 않는 손'이라고 한 거야.

43 선택과 포기, 기회비용

마트에 가서 과자를 사 먹으려는데 돈이 천 원밖에 없는 거야. 그런데 천 원으로는 과자 하나밖에 살 수가 없어. "이 과자를 사 먹을까? 저 과자를 사 먹을까?" 하고 고민했던 기억이 있지? 나도 마찬가지야. 만 원짜리 1장만 들고 중국 음식점에 갔어. 짜장면을 먹을까, 짬뽕을 먹을까, 고민하다가 짜장면을 선택했는데, 옆 친구가 짬뽕을 맛있게 먹는 것을 보고 "나도 짬뽕을 시킬걸" 하고 후회한 적이 많아. 아마 이런 경험은 누구든지 있을 것 같아. 그러면 나는 무엇을 선택하고 무엇을 포기했니? 짜장면을 선택하고 짬뽕을 포기했지. 이렇게 어떤 것을 선택하면 어떤 것은 포기할 수밖에 없는데 이렇게 포기한 것의 가치를 우리는 기회비용이라고 해. 그러면 짜장면과 짬뽕 중에 어떤 것이 기회비용이니? 당연히 포기한 것이 짬뽕이니까 짬뽕이 기회비용이겠지.

그러면 숫자로 풀어 볼까? 짜장면이 5천 원, 짬뽕이 6천 원이야. 기회비용은 얼마지? 갑자기 숫자가 나오니 어렵니? 기회비용은 포기한 것의 가치라고 했지? 포기한 것은 짬뽕이니까, 짬뽕의 가치는 6천 원이지? 그러니 기회비용은 6천 원이 되는 거야.

한 발 더 나아가 볼까? 중국 음식점에 간 나는 짜장면(5천 원)도 먹고 싶고, 짬뽕(6천 원)도 먹고 싶고, 우동(5천 원)도 먹고 싶고, 탕수육(1만 원)도 먹고 싶어. 그런데 오늘따라 짜장면이 맛있어 보여서 짜장면을 선택했어. 그럼 기회비용은 얼마일까? 포기한 것이 기회비용이니 짬뽕, 우동, 탕수육의 가치가 기회비용이겠네. 그러면 기회비용은 짬뽕(6천 원), 우동(5천 원), 탕수육(1만 원)을 모두 합친 값일까? 아니야. 기회비용의 개념을 정확히 알아볼게. 기회비용이란 어떠한 것을 선택함으로써 포기해야 하는 것들 중에 가장 가치가 큰 것을 말해. '가장 가치가 큰 것'에다가 밑줄 쫙 쳐 봐. 나는 짬뽕 6천 원, 우동 5천 원, 탕수육 1만 원을 포기했는데, 그중에 가장 가치가 큰 것은 무엇이고 가격은 얼마지? 그래, 가장 가치가 큰 것은 탕수육이고 가격은 1만 원이지. 그래서 짜장면을 선택함으로써 발생한 기회비용은 1만 원이 되는 거야.

짜장면	짬뽕	우동	탕수육
5,000원	6,000원	5,000원	10,000원
선택	포기	포기	포기(가장 가치가 큼) → 기회비용

조금 더 구체적으로 볼까? 그러면 어떠한 선택이 합리적인 선택일까? 내가 짜장면을 선택했는데 짬뽕을 먹고 있는 친구를 보면서 "에이, 나도 짬뽕을 시킬걸!" 하고 후회했다면 나는 합리적인 선택을 한 걸까? 당연히 아니겠지. 거꾸로 짜장면을 먹으면서 "그래, 역시 짜장면이 최고야!" 하고 만족했다면 나의 선택은 합리적인 선택이겠지. 단어 정리 하나 더 해 볼까? 나는 짜장면을 선택했어. 이렇게 선택한 것의 만족감을 우리는 '편익'이라고 해. 내가 짜장면을 선택하여 얻은 만족감을 편익이라고 하고, 선택하지 않고 포기한 짬뽕의 가치가 기회비용이 되는 거야.

그럼 편익과 기회비용 중에 어떤 것이 커야 합리적인 선택일까? 위의 내용을 잘 생각해 보면 쉽게 알 수 있어. 내가 짜장면을 선택했는데 짬뽕을 먹고 있는 친구를 보면서 "에이, 나도 짬뽕을 시켜 먹을걸!" 하고 후회했어. 그러면 선택한 짜장면의 편익(만족감)이 포기한 짬뽕의 기회비용보다 적은 거겠지? 그러면 합리적인 선택이라고 할 수 있을까? 당연히 아니지. 반대로 짜장면을 먹으면서 "그래, 역시 짜장면이 최고야!" 하고 만족했다면 선택한 짜장면의 편익(만족감)이 포기한 짬뽕의 기회비용보다 큰 거겠지? 이럴 때 합리적인 선택이 되는 거야. 다시 말하면 선택한 것의 만족감(편익)이 포기한 것의 만족감(기회비용)보다 커야 한다는 거야. 더 쉽게 말하면 내가 선택한 것에 만족감이 있어야 잘한 선택이라는 거야. 다르게 말하면 선택한 것(짜장면)보다 포기한 것(짬뽕)에 미련이 남으면 합리적인 선택이 아니야. 또 다르게 말하면 선택한 것에 후회가 생기면 합리적인 선택이 아닌 거야.

 헷갈리지 않게 한 번 더 정리해 보자. 하나를 선택하면 포기해야 하는 것의 가치를 기회비용이라고 하는데, 포기하는 것 중에서 가장 가치가 큰 것이 기회비용이 된다. 여기까지는 되었지? 그리고 선택한 것의 만족감(편익)이 포기한 것의 기회비용보다 커야 합리적인 선택이다.

 몇 줄이면 정리가 될 것을 너무 자세하게 설명했나?

편익 : 내가 선택한 것의 가치, 즉 선택하여 얻은 만족감
기회비용 : 어느 하나를 선택함으로써 포기한 것 중에서 가장 가치가 큰 것
합리적인 선택 : 편익(선택한 것에 대한 만족감) > 기회비용(포기한 것에 대한 가치)

44 인간의 욕구는 크지만 자원은 한정되어 있어

희소성이 무슨 뜻일까? '희소(稀少)'의 '희(稀)'와 '소(少)'는 다 '적다'라는 뜻이야. 그럼 '자원의 희소성'은 무슨 뜻일까? 말 그대로 '자원이 적다'라는 뜻이지. 인간의 욕구는 끝이 없어. 하나를 가지면 둘을 갖고 싶고 둘을 가지면 셋을 가지고 싶어 해. 그러니 인간의 욕구를 채워줄 자원은 상대적으로 부족할 수밖에 없어. 이렇게 인간의 욕구에 비해 자원의 양이 적은 것을 '자원의 희소성'이라고 하는 거야. 여기에서 '자원이 적다'에서 '적다'를 '모자란다'로 바꾸면 좋을 것 같아. 왜 그런지는 조금 있으면 알게 될 거야.

단지 양이 적다고 해서 희소한 것이 아니야

표로 예를 들어야 쉽게 이해할 수 있을 것 같아. 에어컨으로 예를 들어 보자.

지역	자원의 양	욕구	희소성
북극	10대	0명	희소성 X
적도	100대	1,000명	희소성 ○

 만약 단지 자원의 양이 적다고 해서 희소하다고 하자. 그러면 어디가 에어컨이 더 적니? 그래, 북극은 에어컨이 10대, 적도는 100대니까 당연히 북극이 적어. 그러면 북극에 에어컨이 더 희소한 거겠네? 아니지.

 표를 자세히 분석해 보자. 북극은 추운 곳이지? 비록 북극은 에

어컨이 10대지만 모든 사람들이 에어컨을 원하지는 않을 거야. 그러면 에어컨 10대가 그대로 남겠지? 에어컨을 원하는 사람이 없으니 에어컨은 희소성이 없겠지?

반대로 더운 지방인 적도로 가 보자. 아마 대부분의 사람들이 에어컨을 갖고 싶어 할 거야. 에어컨은 100대이지만 에어컨을 원하는 사람은 1,000명이야. 그럼 몇 개가 모자라니? 그래, 900개가 모자라. 앞에서 '적다'를 무슨 말로 바꾸면 좋다고 했지? 그래, '모자란다'로 바꾸면 좋다고 했지? 따라서 에어컨을 사고 싶은 사람보다 에어컨이 적으니까(모자라니까), 에어컨은 희소성이 있는 거야.

이렇게 자원의 희소성은 단지 절대적인 양이 적다고 해서 희소한 것이 아니야. 자원의 양이 많더라도 그것을 원하는 사람이 더 많으면 희소한 거고, 반대로 자원의 양이 적더라도 그것을 원하는 사람이 없다면 자원은 희소하지 않은 거야.

그러면 자원의 희소성에서 중요한 것은 무엇일까? 앞에서 예를 든 것처럼 양의 많고 적음이 아니라 자원을 원하는 욕구에 따라 달라지는 거야. 에어컨이 많더라도 필요로 하는 욕구가 더 강하면 희소한 것이고, 양이 적더라도 원하는 욕구가 더 적으면 희소하지 않은 거야.

45 공기와 햇빛도 상품이 될 수 있을까?

결론부터 내려 볼까? 공기와 햇빛도 상품이 될 수 있어. 이번에 배울 내용은 자유재와 경제재야. 뭔가 조금 복잡할 것 같은 느낌이지? 자, 겁먹지 말고 시작해 보자.

자유재와 경제재를 알기 위해서는 우선 자원의 희소성에 대해서 알아야 해. 자원의 희소성에 대해서는 앞에서 설명했지? 자원의 희소성이란 인간의 욕구에 비하여 자원의 양이 적다(모자란다)는 뜻이잖아. 에어컨으로 예를 들어 줬지?

자유재와 경제재는 무엇일까?

자유재와 경제재에서 공통되는 글자가 무엇이니? 그래 '재'야. '재'는 재화의 약자야. 재화가 무엇인지는 알지? 간단하게 상품이라고 생각하면 돼. 그럼 우선 자유재는 무엇일까? 말 그대로 해석하면 '자유로운 재화야. '자유롭다'는 뜻은 무엇일까? 쉬운 말로 고치면 누구나 이용할 수 있다는 뜻이야. 그러니 자유재는 누구나 자유롭게 이용할 수 있는 재화라는 뜻이겠네. 그럼 돈을 내고 이용하는 것일까? 돈 없이도 이용할 수 있는 것일까? 자유로우니까 당연히 돈을 내지 않고 이용할 수 있다는 뜻이겠지. 너희들은 돈 내고 숨 쉬니? 돈 내고 햇빛을 쬐니? 아니지? 이렇게 돈을 지불하지 않고 자유롭게 사용할 수 있는 재화를 자유재라고 하는 거야.

경제재는 무엇일까? 이것도 간단히 해석하면 경제적으로 가치가 있는 재화라는 뜻이야. 그럼 경제적으로 가치가 있는 재화를 누구나 돈을 내지 않고도 이용할 수 있을까? 당연히 아니겠지. 볼펜은 자유

재일까, 아니면 경제재일까? 쉽지? 당연히 돈을 내고 구매를 해야 하니 경제재이겠네. 그럼 물은? 애매한데……. 예전에는 우리는 물을 돈을 내고 사 먹지는 않았어. 그때의 물은 누구나 돈을 내지 않고 이용할 수 있었기 때문에 자유재였어. 그런데 지금은 어떠니? 사람들이 돈을 내고 생수를 구입해서 먹고 있어. 그래서 물은 경제재야.

그럼 공기와 햇빛은 자유재니? 경제재니? 현재 우리는 공기를 사 먹지는 않아. 햇빛도 돈을 주고 쬐지는 않아. 그렇지만 공기가 오염되고 그로 인해서 햇빛을 쬐기가 어려운 시대가 온다면 아마 그때는 깨끗한 공기를 돈을 주고 구입해야 하고 햇빛도 돈을 주고 구매해야 할지 몰라. 이렇게 자유재와 경제재는 정해져 있는 것이 아니라 시대와 상황에 따라 달라질 수 있다는 것을 명심하도록!

자유재 : 돈을 지불하지 않고 누구나 자유롭게 이용할 수 있는 재화
경제재 : 경제적으로 가치가 있어서 돈을 지불하고 이용할 수 있는 재화

46 환율이 인상되면 외국 여행이 늘어날까?

텔레비전에서 환율이라는 말 많이 들어 봤지? 우리가 미국으로 여행을 간다고 치자. 뭐라고? 상상만 해도 즐겁다고? 상상은 자유지만 집중도 해 줬으면 하는 바람이야. 비행기를 타고 미국에 내리니 목이 너무 마른 거야. 편의점에 들어가서 물을 사고 1천 원을 냈어. 종업원이 뭐라고 할 것 같니? "이것은 어느 나라 화폐인가요? 저희는 이런 돈 안 받습니다."라고 할 거야. 거꾸로 생각해 보자. 외국인이 우리나라 식당에서 5천 원짜리 김치찌개를 먹고 자기 나라 화폐를 내면 우리는 외국 돈을 받을까?

미국 여행을 갈 때에는 어떻게 해야 할까? 여행을 가기 전에 은행에 가서 우리 돈을 미국 화폐로 바꾸겠지? 이렇게 자기 나라 화폐를 외국 화폐와 교환할 때 일정한 비율로 바꾸게 되는데 이를 환율이라고 하는 거야. '환율'에서 '환(換)'은 '바꾸다'는 뜻이고, '율(率)'은 '비율'이라는 뜻이야. 다시 말하면 환율은 교환 비율의 줄임말이라고 할 수 있어.

미국은 어떤 화폐를 사용하지? 그래, '달러'야. 그럼 우리나라 화폐는 뭐지? 매일 사용하면서도 이름은 잘 모르겠지? 우리나라 화폐는 '원화'라고 해. 미국 화폐 1달러를 우리나라 화폐 원화와 교환하면 얼마일까? 매일매일 변하지만 약 1천 원 정도야. 다시 말해 1천 원을 가지고 은행에 가면 1달러로 바꾸어 주는 거야. 예를 들어 볼까? 미국에 여행을 가기 위해 1천 달러가 필요하다고 하자. 그러면 우리나라 돈으로 얼마가 필요하지? 100만 원이 필요해. 1달러가 1천 원, 1천 달러가 100만 원이야.

환율이 인상되었다?

돈을 교환할 때 외국 화폐와 자국 화폐 중에 어떤 것을 기준으로 할까? 외국 화폐야. 환율을 정확히 정의 내리면 외국 화폐에 대한 자국 화폐의 교환 비율이야. 그러면 환율이 인상되었다는 뜻은 무엇일까? 예를 들면 1달러에 1,000원이었던 것이 1달러에 1만 원이 되었다는 뜻이야. 거꾸로 1달러에 1,000원이었던 것이 1달러에 1원이 되면 '환율 하락'이라고 해.

표로 나타내 볼까?

현재 환율	환율 인상	환율 인하
1달러 : 1천 원	1달러 : 1만 원	1달러 : 1원

환율 인상과 환율 인하를 왜 극단적으로 나타냈는지는 조금 있다 예를 들어 설명해 줄게.

환율이 인상되면 미국 여행은 늘어날까? 아니면 줄어들까? 둘 중에 하나인데 어렵지? 차근차근 풀이를 해 보자. 표에서 보면 1달러에 1천 원이던 것이 1달러에 1만 원이 되는 것이 환율 인상이지? 앞의 설명을 잘 생각해 봐.

표로 예를 들어 볼게.

		미국 여행 비용 (1천 달러 필요)
현재 환율	1달러 : 1천 원	환율이 1달러에 1천 원이니까 1천 달러면 100만 원 필요
환율 인상	1달러 : 1만 원	환율이 1달러에 1만이니까 1천 달러면 1000만 원 필요

환율 1달러에 1천 원일 때 미국 여행을 위해 1천 달러가 필요하다고 하면 원화로 100만 원이 필요하지. 그런데 환율이 1달러에 1만 원으로 오른 거야. 그러면 미국 여행을 하기 위해 1천 달러가 필요하다면 원화로는 1000만 원이 필요한 거야.

이렇게 되면 미국 여행은 늘어날까? 아니면 줄어들까? 1000만 원을 들여서 미국 여행을 갈 수 있는 사람이 과연 있을까? 당연히 미국 여행을 가려는 사람이 줄어들겠지? 이렇게 환율이 인상되면 미국 여행을 가려는 사람이 줄어들 수밖에 없어.

환율 인하는 반대라고 생각하면 돼. 환율이 1원으로 떨어지면 미국에 여행을 가기 위해 원화로 얼마가 필요하니? 1달러에 1원이면 1천 달러가 필요한 미국 여행은 1천 원이면 갈 수 있겠네. 당연히 환율이 하락하면 미국 여행을 가려는 사람이 매우 늘어날 거야. 나도 갈 것 같은데! 공책 1권 값이면 미국여행을 갈 수 있으니 얼마나 좋아.

미국으로만 예를 든 것이고 일본, 중국 등 다른 나라도 원리는 같아.

환율이 인상된 것은 우리나라 화폐의 가치가 좋아진 걸까?

이것도 표로 나타내 보자. (현재 환율 1달러 : 1천 원)

	환율	의미	원화 가치
환율 인상	1달러 : 1만 원	원화 1만 원을 1달러와 교환	하락
환율 인하	1달러 : 1원	원화 1원을 1달러와 교환	상승

환율이 인상되면 우리나라 원화 1억 원으로 1달러밖에 못 바꾸잖아. 그러면 우리나라의 원화의 가치는 하락한 거겠지? 그런데 환율이 1원으로 하락하면 1원으로 1달러와 바꿀 수 있으니 우리나라 원화의 가치는 상승한 거겠지?

환율 : 외국 화폐에 대한 자국 화폐의 교환 비율

환율 인상 : 원화 가치 하락, 외국 여행 감소

환율 인하 : 원화 가치 상승, 외국 여행 증가

47 경제 활동에 참여하는 주체들은 누굴까?

우선 경제 활동에 참여하는 주체는 가계, 기업, 정부가 있어. 그럼 각각의 경제 주체들은 어떠한 경제 활동을 할까? 우선 경제 활동에는 어떠한 것들이 있는지부터 알아야겠다.

아래 그림을 보면 쉽게 이해할 수 있을 거야. 가계는 물건을 판매하는 가게를 말하는 게 아니야. 글자가 틀리지? 가계는 한 집안의 살림살이를 말하고, 가게는 상품을 판매하는 곳을 말해.

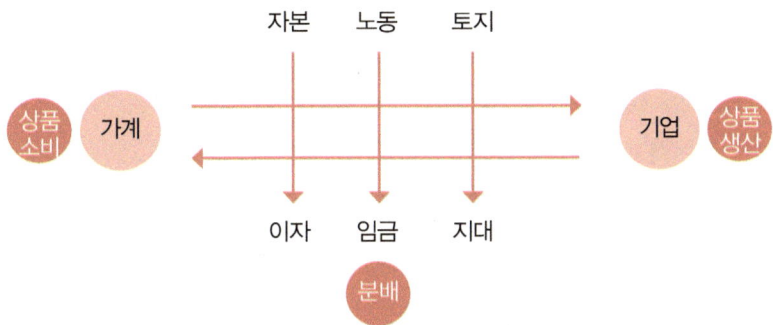

그림을 한번 해석해 볼까? 우선 기업을 보자. 기업을 운영하기 위해서는 무엇이 필요하니? 먼저 돈이 필요하겠지? 공장도 지어야 하고 기계도 있어야 하잖아. 그다음은 공장을 짓기 위한 토지도 필요할 거야. 또 공장에서 일할 사람들도 필요하겠지(노동력). 그럼 자본과 노동력과 토지는 누가 제공해 줄까? 그림에 있는 화살표를 잘 봐. 가계로부터 빌려오는 거야. 그러면 기업은 자본과 토지, 노동력을 통해서 상품을 만들어 내고 그 상품을 판매해서 이윤(이익)을 남기는 거야. 기업은 이윤을 자기 혼자 가질까? 가계는 자본과 노동력과 토지를 그냥 빌려줄까? 그렇지 않겠지? 당연히 기업은 빌려준 가계에 대가를 주어야 할 거야. 그래서 기업은 가계에 자본의 대가로 이자를, 노동의 대가로 임금을, 토지의 대가로 지대를 주는 거야. 이를 '분배'라고 해. 그럼 가계의 입장에서 보면 이자, 임금, 지대는 무엇일까? 기업으로부터 받은 거니까 '소득'이 되는 거야. 그러면 가계는 그 소득으로 기업의 상품을 구매(소비)하게 되는 거야.

앞의 그림을 보면 기업은 무엇을 하는 경제 주체니? 그래, 생산을 하는 경제 주체야. 그러면 기업은 무엇을 목적으로 생산을 하는 거니? 간단히 말하면 돈을 벌기 위해서야. 이윤을 많이 남기는 것이 기업에서는 최고야. 가계는 무엇을 하는 경제 주체이니? 그래, 소비를 하는 경제 주체야. 그러면 무엇을 목적으로 소비를 하니? 왜 외식을 하고, 왜 음료수를 사 먹고, 왜 휴대 전화를 사는 거니? 그래, 만족을 위해서지. 그렇기 때문에 가계는 되도록 최소의 비용으로 최대의 만족을 누리려고 해. 이런 소비가 합리적인 소비라고 할 수 있어.

경제 활동의 주체는 가계, 기업, 국가

정리하면 경제 활동은 세 가지가 있는 거야. 생산, 소비, 분배야. 그중에 기업은 생산의 주체, 가계는 소비의 주체가 되는 거야. 하나의 경제 주체가 남아 있는데, 그 경제 주체는 국가야. 다시 그림을 보자.

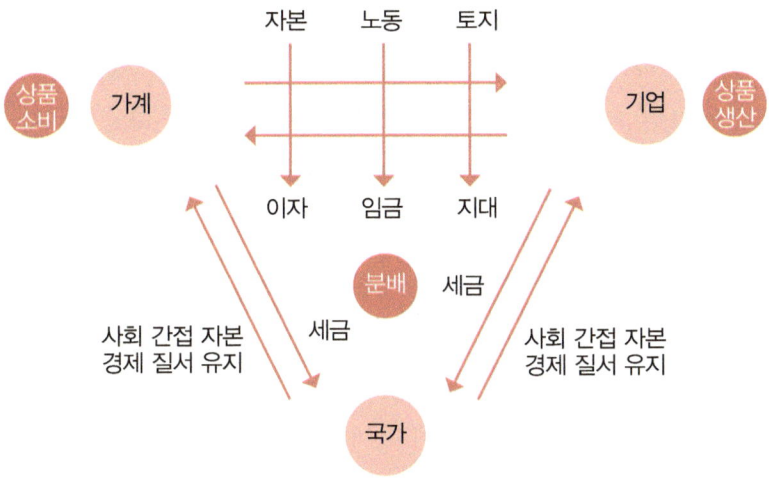

그림에서 하나 추가된 경제 주체가 국가지? 그럼 국가의 역할은 무엇이 있을까? 우선 가계와 기업 간에 충돌이 발생하거나 기업이 법을 어기고 경제 활동을 할 수도 있어. 그러면 그냥 내버려 둘 수는 없잖아. 국가가 나서서 그러한 문제를 해결해야겠지? 이렇게 국가는 경제

에 개입하여 경제 질서를 유지시키는 역할을 해. 또 있어. 기업이 상품을 만들었다고 하자. 그러면 그 상품을 운반해야 되잖아. 때에 따라서는 외국에 수출을 해야 하기도 하고. 그러면 기업이 도로도 건설하고, 항만도 만들고, 공항도 건설하는 것이 가능할까? 당연히 어렵겠지. 그래서 국가는 가계와 기업으로부터 세금을 거두어서 그 세금으로 모든 국민들이 이용할 수 있는 것들을 만드는 거야. 도로, 항만, 공항도 건설하고, 전기, 통신, 교통 시설도 설치하지. 이러한 국민 전체가 사용할 수 있는 것들을 사회 간접 자본이라고 하는 거야. 국가가 이러한 것들을 건설하기 위해서는 재료를 사야 하겠지? '사는 것'을 뭐라 하지? 그래 '소비'라고 하지. 국가는 그 재료를 사서 전기, 통신 시설, 도로 등을 생산하는 거야. 그러니 국가는 소비도 하면서 생산도 하는 거지. 그래서 국가는 생산과 소비의 주체가 되는 거야.

정리하면 경제 활동에는 생산, 소비, 분배가 있으며, 경제 활동을 하는 주체로는 가계, 기업, 국가가 있어. 기업은 생산의 주체, 가계는 소비의 주체, 국가는 생산과 소비의 주체야.

48 세상의 큰 변화, 앨빈 토플러의 제3의 물결

우리가 사는 세상은 세 번의 큰 변화가 있었어. 혹시 앨빈 토플러(Alvin Toffler)의 제3의 물결에 대해 들어 봤니? 미국의 미래학자 앨빈 토플러는 세 번의 큰 변화를 '물결'이라고 표현했어.

첫 번째의 큰 변화

구석기 시대에 대해 들어 봤지? 구석기 시대의 사람들은 이곳저곳으로 이동하면서 사냥이나 물고기잡이(어로), 열매 등을 따 먹으면서(채집) 생활을 했어. 그런데 사냥, 채집, 어로는 문제가 있었어. 뭘까? 만약에 열매를 발견하지 못하거나 물고기, 동물을 잡지 못하면 어쩔 수 없이 굶어야 돼. 그럼 언제, 무엇 때문에 큰 변화가 나타나게 되었을까? 정답은 신석기 시대부터 나타난 농경 때문이야. 농사를 짓게 되면 이동 생활을 할 수 있니? 뿌린 씨앗을 거두어야 하니까 한곳에 머물러 있게 돼.

이렇게 농경을 하면서 식량을 안정적으로 확보할 수 있게 되었고 정착 생활이 시작된 거야. 생활이 시작되면서 점차 마을이 형성되고 마을의 규모가 커지면서 국가도 만들어졌어. 한마디로 농경에 의해서 세상이 크게 변화하게 된 거야. 그래서 첫 번째 큰 변화인 제1의 물결을 '농업 혁명'이라고 해.

두 번째의 물결

수공업이라고 들어 봤지? 손으로 물건을 만들어 내는 거야. '수공

업'에서 '수(手)'는 '손'을 의미해. 영국에서는 18세기 후반에 공업에서 큰 변화가 나타났어. 손으로 물건을 만들어 내던 수공업 방식에서 기계를 이용해서 물건을 만들어 내는 기계 공업 방식으로 바뀌게 된 거야. 이렇게 자동화된 기계로 물건을 만들어 내면서 대량 생산이 가능해졌어. 그러면서 많은 공장들이 세워지고 사람들은 일자리를 찾아서 공장이 있는 곳으로 모여들었지. 그러면서 도시가 형성되었어.

하지만 대량 생산이 가능해지면서 물질적으로는 풍요로운 삶이 가능해졌지만 많이 가진 사람과 적게 가진 사람의 차이가 심해지는 빈부 격차도 심해졌어. 그러면서 '자본주의'라는 경제 체제가 나타나게 되는 거야. 그러면 이러한 변화의 원인은 무엇이니? 물건을 만들어 내는 방식의 변화 때문이지? 즉, 수공업에서 기계 공업으로 바뀌면서 나타난 변화잖아. 그럼 물건을 만들어 내는 것을 무엇이라고 할까? '산업'이라고 해. 그래서 두 번째 큰 변화인 제2의 물결을 '산업 혁명'이라고 하는 거야. 이 산업 혁명은 18세기 후반 영국에서 시작되어 점차적으로 세계로 퍼져나갔어.

세 번째의 물결

세 번째의 물결은 지금도 진행 중이야. 너희들도 스마트폰 사용하고 있지? 집에는 컴퓨터가 있을 거고. 세 번째 변화는 컴퓨터와 인터넷 덕분이야. 아마 세 번째의 변화는 너희들도 경험하고 있기 때문에 잘 알 것 같아. 인터넷이 등장하면서 정말 큰 변화가 일어났어. 정치적으로는 인터넷 토론방을 통해서 현재 정치에 대해서 비판도 하고 대안을 제시하기도 해. 경제적으로는 굳이 상점을 차리지 않아도 인터넷을 통해서 가상의 상점을 차리고 많은 물건을 판매하기도 하는데 이를 전자 상거래라고 하지. 그 외 많은 변화가 나타나면서 장점도 많지만 인터넷을 통한 인신 공격성 댓글, 인터넷 범죄, 인터넷 중독 등 부작용도 많이 나타나고 있잖아. 컴퓨터와 인터넷, 스마트폰이 갑자기 없어진다고 생각해 봐. 아마 상상할 수 없는 혼란이 올 거야. 이렇게 컴퓨터와 인터넷은 우리가 사는 세상을 엄청나게 바꾸어 놓았어. 그럼 세 번째의 큰 변화를 무엇이라고 할까? 많이 들어 봤을 것 같은데? 그래, '정보 혁명'이야.

정리하면 우리가 사는 세상은 신석기 시대의 농업 혁명, 18세기 후반부터 진행된 산업 혁명, 현재도 진행 중인 정보 혁명이라는 세 번의 큰 변화(물결, 혁명)가 일어났어.

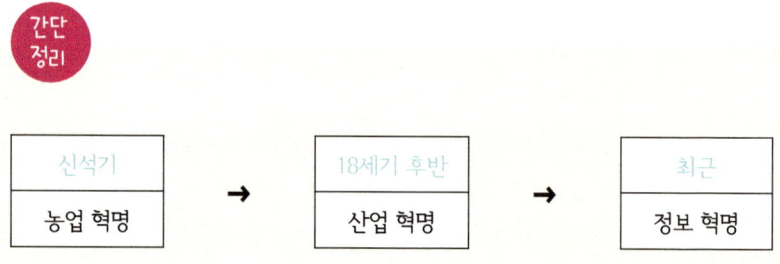

49 교환과 분업, 특화는 톱니바퀴와 같아

이번에 배울 내용은 경제 용어야. 경제는 왠지 어려울 거라는 생각을 많이 하는데, 내 생각에는 경제가 어느 과목보다 사회생활에 도움이 많이 되는 것 같아. 그럼 시작해 볼까?

자급자족을 넘어 교환으로!

아주 옛날 원시 시대를 생각해 보자. 그때는 열매를 따 먹거나, 사냥이나 물고기를 잡아서 먹고 살았어. 그날그날 먹고산 거지. 판매할 것이 있었을까? 당연히 없었겠지. 혼자 먹기도 어려웠으니 판매할 것은 당연히 없었을 거야. 신석기 시대에 농업이 등장하기는 했지만 대부분 자급자족(스스로 생산하여 스스로 사용한다)이었어. 그런데 시간이 지나면서 농업 기술이 발달하고 생산량도 많이 늘어났어. 그럼 어떤 변화가 나타날까? 곰곰이 생각해 보자. 생산량이 늘어나다 보니 아마 먹고 남는 것이 생기게 될 거야. 이를 어려운 말로는 잉여 생산물이라고 불러. '잉여'는 '남다'라는 뜻이야. 그럼 남은 생산물을 어떻게 하지? 농산물 말고 내가 필요한 다른 것도 있겠지. 예를 들면 옷이라고 하자. 그러면 나의 농산물을 필요로 하는 옷을 가진 사람과 서로 바꾸면 되겠네. 이를 '교환'이라고 해.

분업이 나타나다

교환을 하다 보면 이런 생각이 들 것 같아. "나는 벼농사도 짓고, 콩도 생산하고, 옷도 만들고…… 내가 필요한 모든 것을 다 내가 생산할 필요가 있을까?" 그다음에는 이런 생각을 하겠지. "그래, 그러면 나는 옷만 만들자. 그리고 남는 옷을 콩이나 쌀 등과 교환을 하면 좋겠네. 나에게 필요한 모든 것을 다 생산할 필요가 없으니 너무 편할 거야." 이러다 보면 나는 옷만 생산하게 될 거야.

그러면 옷을 만드는 규모는 커질까? 아니면 작아질까? 당연히 커지겠지. 옷을 많이 만들어야 남는 옷으로 다른 물건과 교환을 할 수 있지. 그러면 나 혼자 그 많은 옷을 다 만들 수 있을까? 없겠지. 그래서 나타난 것이 분업이야. '분업(分業)'은 '일을 나누다'라는 뜻이야. 그래서 나는 옷감을 만들고, A 사람은 옷을 재단하고, B 사람은 바느질을 하고, C 사람은 옷에 무늬를 넣지. 교환이 없으면 분업이 나타날 수도 없지.

특화는 무엇일까?

한자를 해석해 볼까? '특화(特化)'의 '특(特)'은 '특별하다', 화(化)는 '되다'란 뜻이야. 따라서 특화는 '특별하게 되다'야. 좀 더 해석하면, 분업을 하게 되면 나는 다른 사람보다 옷감을 더 잘 만들 거야. 그러니 나는 옷감 만드는 일에서 특별하게 되겠지. 이렇게 특화라는 것은 분업이 이루어지면서 다른 사람보다 더 잘할 수 있는 일을 전문적으로 하는 것을 말해.

정리하면 잉여 생산물이 생기면 교환이 이루어지고, 교환이 이루어지면 분업이 나타나고, 분업이 전문적으로 이루어지면 특화가 나타나는 거야. 그러니 교환과 분업, 특화는 서로 뗄 수 없는 관계야.

국제 사회도 같아. 모든 나라가 국가를 운영하기 위한 물건들을 다 만들면 힘들 거야. 그래서 각 나라들은 자신들이 잘할 수 있는 것들을 특화하여 생산하고 그것을 다른 나라의 다른 물건들과 교환을 해. 그 교환을 우리는 '무역'이라고 하는 거야. 우리나라는 정보 통신 산업이 많이 특화되어 있어. 그 정도는 알고 있지?

50 실업의 종류를 알면 실업을 극복할 수 있다

    실업이란 일할 능력과 의지는 있으나 일자리를 구하지 못하는 상태를 말해. 나도 1999년 IMF 금융 위기 때 실업을 당했었어. 아픈 기억이지. 만약에 실업을 당하지 않을 수 있는 방법을 알았다면 좋았을 거야. 실업의 종류를 알면 실업을 당하지 않는 방법도 있으니 실업의 종류부터 알아보자.

    우선 관련 단어부터 정리하자. '구직(求職)'이 뭐니? '구직'을 해석하면 '직업을 구하다'란 뜻이야. 그러면 회사 등에서 '사람을 구하다'는 무엇이라고 할까? 너희들은 단어 만드는 것을 어려워하는 경우가 많아. '직업'을 '사람'으로 바꾸면 되잖아. 직업을 구하는 것은 '구직', 사람을 구하는 것은 구인이라고 해.

마찰적 실업

구직자는 어떤 직장을 원할까? 당연히 월급도 많이 주고 보람도 느낄 수 있는 직장을 원하겠지? 그럼 구인자는 어떠한 사람을 원할까? 성실하고 능력도 뛰어난 사람을 원하겠지.

그런데 구직자나 구인자가 서로의 요구 조건이 언제나 일치할까? 구직자는 자신의 능력에 비해 회사가 마음에 안 들 수 있고, 구인자는 사람이 마음에 안 들 수도 있어. 그러다 보면 구직자는 직장을 구

하지 못하고 실업 상태에서 벗어나지 못하는 거야. 이렇게 구직자와 구인자 간의 요구 조건이 맞지 않는 일종의 마찰이 생겼다고 해서 '마찰적 실업'이라고 하는 거야.

예를 들어 지수는 컴퓨터 수리에 뛰어난 재능을 갖고 있는데, 자신의 능력을 발휘할 수 있는 회사를 찾지 못했어. A컴퓨터 회사도 컴퓨터 수리를 잘하는 사람을 찾는데 그런 사람을 찾지 못했어. 마찰적 실업은 서로의 조건이 맞으면 언제든지 취업이 되어 실업에서 벗어날 수 있어. 그래서 마찰적 실업을 '일시적 실업'이라고도 해.

그러면 이러한 마찰적 실업을 해결하기 위해서는 어떠한 방법이 있을까? 생각보다 간단해. 구직자에게는 어디에 좋은 일자리가 있는지, 구인자에게는 어디에 좋은 인재가 있는지 알려 줘서 서로 조건에 맞도록 도와주면 되잖아. 다시 말하면 서로에게 취업 정보를 제공해 주면 되는 거야. 그래서 취업 박람회와 같은 것을 개최하는 거야.

경기적 실업

혹시, "불경기로 인해서 실업률이 늘어났다."는 말 들어 봤니? '경기(景氣)'는 경제 활동의 상황이라고 생각하면 돼. 그래서 불경기라는 것은 경제 활동이 좋지 않은 상태야. 기업의 경제 활동이 어렵다 보니 임금을 줄이고, 심지어 망하는 회사가 증가하기도 해.

이렇게 불경기가 지속되면 많은 실업이 발생하게 되는데, 이런 실업을 '경기적 실업'이라고 해. 과거에 IMF 금융 위기 때 큰 불경기가 오면서 많은 기업들이 망했어. 이러한 경기적 실업을 해결하기 위해서는 침체된 경제를 활성화시키기 위한 국가의 정책이 필요해.

구조적 실업

지금은 버스를 타면 카드로 요금을 내잖아. 내가 어렸을 때는 버스를 타면 요금을 받는 안내양이 있었어. 그리고 계산기가 일반화되지 않았을 때는 주판으로 계산을 하기도 했어. 하지만 지금 버스 안내양이나 주판은 없어진 지 오래지? 이렇게 점점 사라져 가는 사업을 사양 산업이라고 해. 사양은 '햇볕이 비추지 않는다'는 뜻이야.

이와 반대로 앞으로 전망이 밝거나 희망이 보이는 산업도 있는데 이런 산업을 유망 산업이라고 해. 그럼 어떠한 산업에 종사하는 사람들이 실업이 될 가능성이 높을까? 당연히 사양 산업에 종사하는 사람들이 실업이 될 가능성이 높겠지. 이렇게 산업 구조가 바뀌면서 발생하는 실업이라고 해서 '구조적 실업'이라고 하는 거야.

그러면 어떻게 해결할까? 누가 실업이 된다고 했니? 그래, 사양 산업에 종사했던 사람들이 실업이 되잖아. 그러면 그 사람들에게 유망 산업에 종사할 수 있도록 해야겠네. 그런데 그 사람들이 사양 산업에서만 일을 했기 때문에 유망 산업에 대해서는 잘 알까, 모를까? 당연히 모르겠지. 모르면 가르쳐야지. 이렇게 구조적 실업을 해결하기 위해서는 새로운 직업에 대한 교육과 훈련이 필요해.

계절적 실업

단어만 보니 쉬울 것 같다. 계절에 따라 일시적으로 실업이 발생하는 거야. 농민을 생각해 보자. 추운 겨울에 농사가 가능하니? 어렵잖아. 그러니까 겨울에는 일이 없겠네. 그래서 겨울에 일시적으로 실업이 되는 거야. 또 공사 현장에서 일하는 근로자를 생각해 보자. 겨울에는 공사를 할 수가 없어. 물이 얼기 때문이야. 여름 장마가 들어도 일을 할 수가 없어. 비를 맞으면서 일을 할 수는 없잖아.

그러면 계절적 실업은 어떻게 해결할까? 계절적 실업은 특정한 계절에만 일시적으로 실업이 되는 거잖아. 그러니 실업이 있는 계절을 대비할 수 있는 대책을 세워야 해. 농민을 위해서 농촌에 공업 단지를 조성해 주는 거야. 그러면 겨울에 공업 단지에서 일하면 되잖아.

이렇게 해서 실업의 종류 4가지와 대책에 대해서 배웠어. 우리 학생들도 나중에 직장에 취직하게 되면 이러한 실업에 빠지지 않도록 노력하자. 알면 극복할 수 있잖아.

마찰적 실업 : 새로운 일자리를 탐색하거나 직장을 옮기는 과정에서 일시적으로 발생하는 실업

구조적 실업 : 사회 구조가 변화하면서 사양 산업에서 발생하는 실업

경기적 실업 : 경제가 침체기에 접어들면서 발생하는 실업

계절적 실업 : 계절의 특수성 때문에 발생하는 일시적인 실업

찾아 보기

ㄱ
가두리 양식장 41
검사 144 145 146 147 148
경기적 실업 196 197 198
경제재 175 176 177
계절적 실업 198
고상 가옥 44 47
공급 166 167
관습 81 107 108 109
교토 의정서 16 18
구조적 실업 197 198
귀속 지위 86 87 88
규칙 119 121 122 123
그린벨트 27
기후 변화 협약 15 16 18

ㄴ
농업 혁명 188 190

ㄷ
독재주의 136

ㅁ
마찰적 실업 195 196 198

ㅁ
명령 119 121 122 123
몬트리올 의정서 18
문화 사대주의 76 77
문화 상대주의 71 72
문화 제국주의 73 74
문화 지체 현상 78 79 80
물가 156 158

ㅂ
바젤 협약 16 17 18
배심원 146 147 148 149
법률 119 121 122 123 140 141 142 144 148
변호사 117 118 143 145 146 147 148
보통 선거 150 151 152 153
분배 183 184 185 186
비밀 선거 152 153

ㅅ
사막화 방지 협약 63
사회 간접 자본 185 186
사회권 119 127 128 129
산업 혁명 128 189 190
상고 113 114 115
서비스 159 161 163 164 165

선거구 137 138 139 140 141
선거구 법정주의 140 141
성취 지위 86 88
소비 183 184 185 186
소송 142 143 144 145
수요 158 166 167
순환 자원 28 30 31

ㅇ

영공 48 49
영토 48 49 137 161
영해 48 49 51
오존층 18
온실 효과 11 13 15
온실가스 10 11 13 15 16 21
유한 자원 28 30 31
이산화탄소 층 11
이촌향도 25
입법부 130 131 132 133
잉여 192 193

ㅈ

자문화 중심주의 72 73 74
자유권 119 125 127 128 129
자유재 175 176 177
자정 능력 39
재화 159 161 163 164 175 176 177

전체주의 136 132
정당 130 139 140
정보 혁명 190
조례 119 121 122 123
종교 규범 108
직접 선거 153

ㅊ

참정권 119 127 128 129
청구권 119 128 129

ㅍ

판사 148 149
편익 170 171
평등 선거 150 151 152 153
평등권 119 121 125 126 127 128 129
피의자 116 117 118

ㅎ

합리적인 선택 170 171
항소 113 114 115
해안선 48 49 51
행정부 130 131 132 133
헌법 119 120 121 122 123 124
희소성 172 173 174 175